AF244534

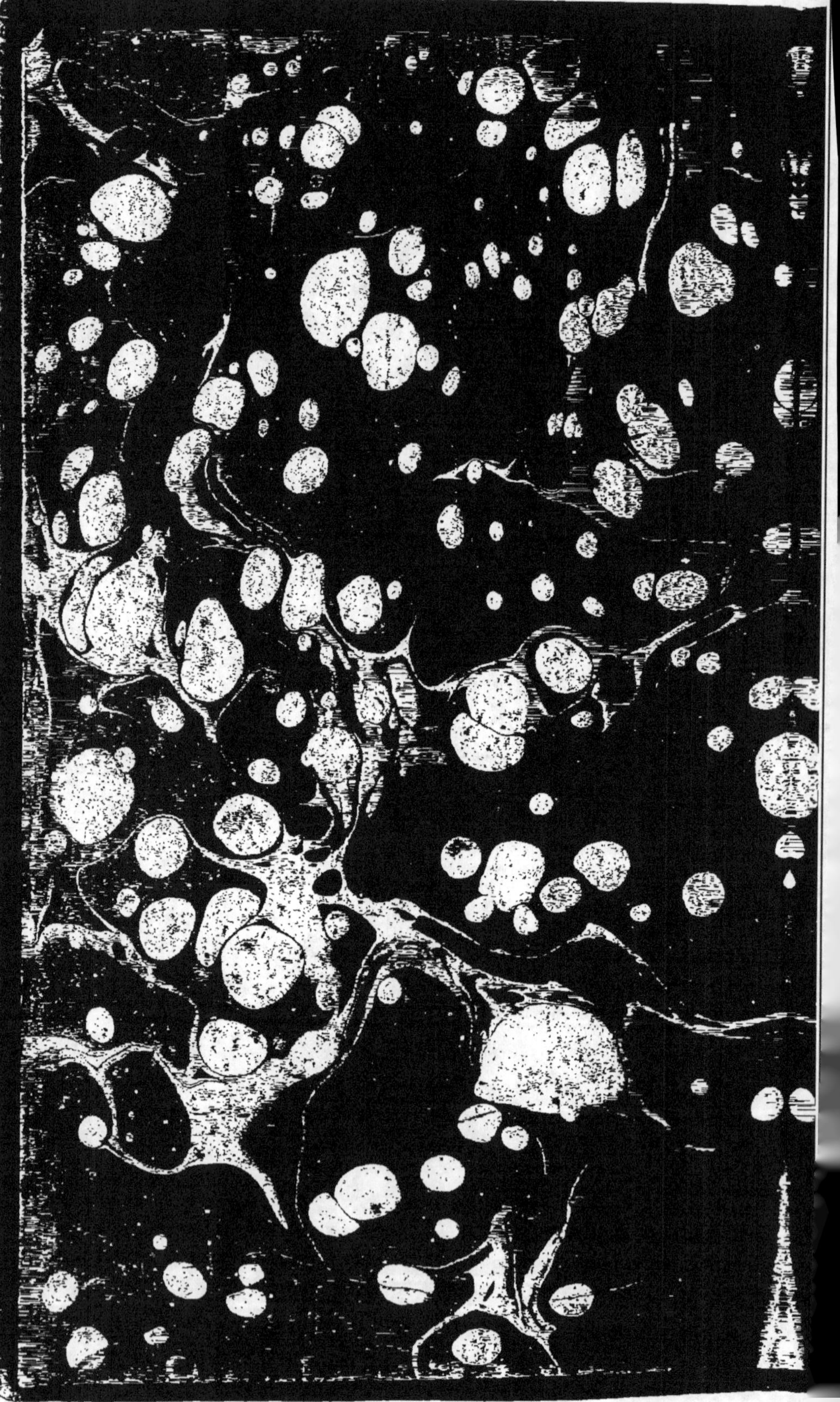

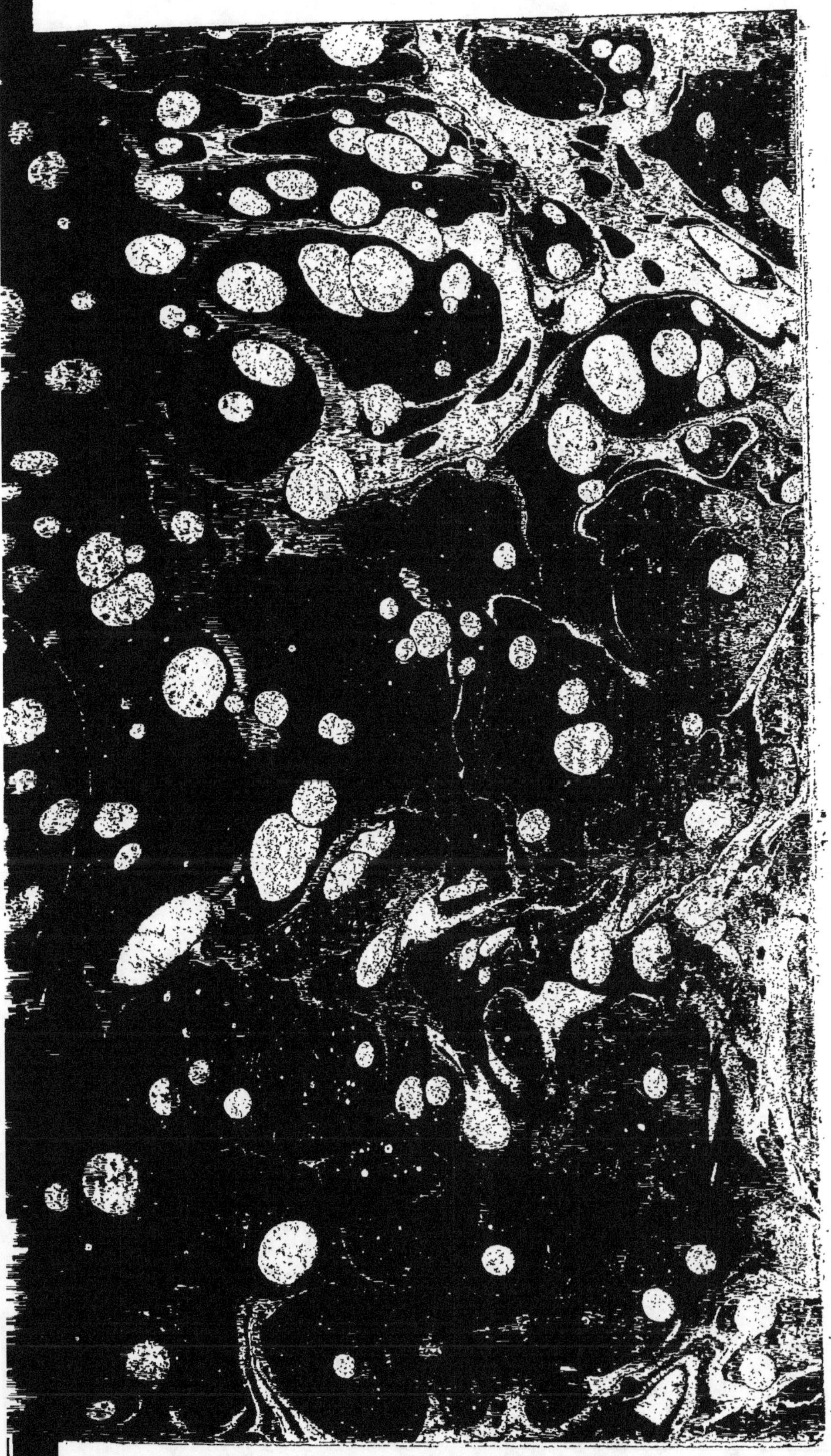

E. 982.
Aa.

Par Louis du May.

Louis du May, Conseiller
privé du Serenissime
Electeur de Mayence

2895

4762.

2012 - 24726

SCIENCE DES PRINCES,

OU

CONSIDERATIONS

POLITIQUES

SUR LES

COUPS D'ETAT,

Par Gabriel Naudé, Parisien.

Avec les Réflexions Historiques,
Morales, Chrétiennes, &
Politiques.

DE L. D. M. C. S. D. S. E. D. M.

TOME I.

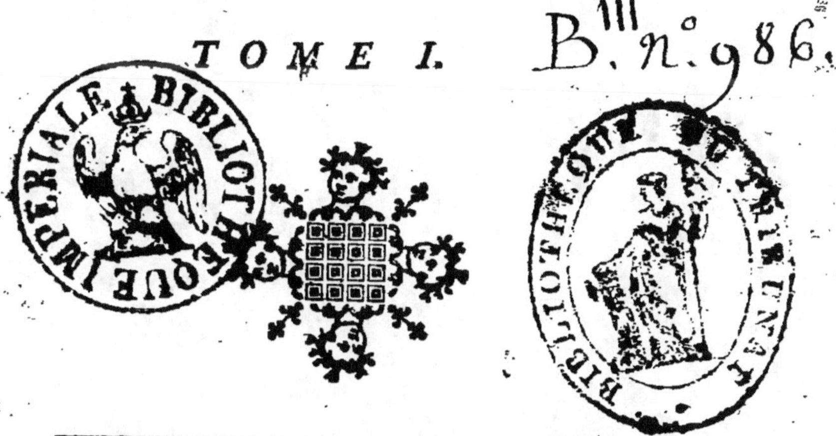

Imprimées l'an M. DCC. LII.

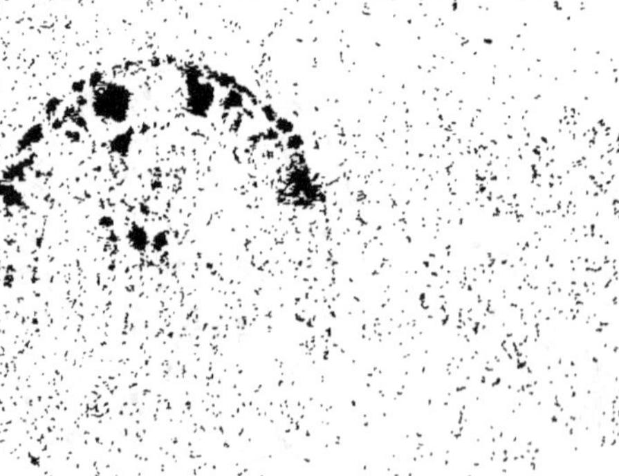

A TRÈS-HAUT,

TRÈS-PUISSANT, ET SERENISSIME

PRINCE ET SEIGNEUR,

MONSEIGNEUR

CHARLES,

Par la grace de Dieu, Prince Electoral Palatin, Duc de Baviere, &c.

ÉRÉNISSIME PRINCE,

Ayant songé quelque tems, s'il seroit possible de dédier ce petit Traité à un Souverain, sans lui dé-

plaire, j'ai eu honte de n'avoir pas
crû que *V. A. S.* auroit la bonté de
l'agréer. Je me devois être souvenu
qu'elle m'avoit fait la grace de me
dire, qu'un des plus habiles Princes
de l'Europe, lui avoit conseillé de lire un de mes ouvrages, & qu'elle l'a-
voit lû avec quelque satisfaction,
pour me persuader qu'elle verroit volontiers celui-ci. Je devois même sçavoir qu'il est impossible qu'un Prince
né à des choses relevées, ne voye
de bon œil un livre, qui contient ce
que la politique a de plus digne de
l'occupation des Rois. *V. A. S.* qui
a lû la vie des Fondateurs & des
Conservateurs des Monarchies, trouvera ici quelques actions de ses plus il-
lustres ancêtres. Clovis le Grand,
Charles Martel, Pepin, Charlema-
gne, & plusieurs autres Héros, de
qui *V. A. S.* tire sa naissance, paroissent en cet écrit, parce qu'ils ont
fait des merveilles, les uns pour agrandir, les autres pour conserver, & les

autres enfin pour acquerir des Etats.
Ces grands coups rappeleront à la mémoire de *V. A. S.* la générosité du
premier *Othon de Witelspach*, qui
n'ayant pas pû souffrir que le *Pape
Alexandre III.* traitât indignement
l'Empereur *Frideric Barberousse*, mé-
rita l'investiture du Duché de Bavie-
te, & l'obtint, lorsque Sa Majesté
eût proscrit *Henri Leon. Un* autre
Othon acquit le Palatinat, pour avoir
épousé *Agnès*, heritiere de cette excellente Principauté ; & ces sortes de coups
d'Etat, sont les plus justes qu'on puisse rencontrer dans la vie des Potentats.
Mais les actions extraordinaires des
Princes de la Maison Electorale de
V. A. ne s'arrêteront point-là. L'Empereur *Louis V.* ayant vaincu *Frideric
d'Autriche*, par sa valeur à la guerre, en voulut acquerir l'amitié, & lui
donna sa fille *Mechtildis* en mariage.
L'Electeur *Robert* fit déclarer *Vencef-
las de Luxembourg*, incapable de régner, pour mettre sur sa tête la plus

illuſtre Couronne de la Chrétienté. Chriſtophe III. ayant été couronné Roi de Dannemarc & de Norvege, en un tems auquel la Suede ſe trou- voit offenſée du procédé de la Reine Marguerite, & du Roi Eric ſes pro- ches Parens, il uſa d'adreſſe, s'inſi- nua dans l'amitié des Suedois, & les obligea de lui donner unanimement leurs ſuffrages. Toutes ces actions ſont extrêmement raiſonnables, & celles que je vais raconter ne le ſont pas moins. Frideric le Victorieux, ayant affaire à George Evêque de Metz, & à Char- les Marquis de Bade ſon frere, il les pouſſa juſqu'au Rhin, & les réduiſit à la néceſſité de ſe jetter dans ce grand fleuve, ou de combatre, & les ayant fait priſonniers, il les traita le plus civilement du monde; mais il les fit ſouper ſans pain, par un coup d'E- tat, parce qu'ils avoient brûlé les moiſ- ſons & déſolé la campagne. Frideric le Sage, fit un coup encore plus conſi- dérable, puiſqu'après avoir travaillé

long-tems & en plusieurs endroits au
nom de l'Empereur, à l'assoupissement
des différens qui troubloient l'Allemagne, à cause de la diversité de Religion, il connut la vérité, l'embrassa,
& par un acte de générosité peu commune, il secoua le joug que les Papes avoient mis sur les consciences
de ses prédécesseurs. Peu de tems après,
Frideric IV. craignant que celui que
la Bulle d'Or donnoit pour curateur
à Frideric V. son fils, pourroit troubler la créance établie dans le Palatinat, il lui en donna un autre, par
une action extraordinaire ; & cette action fut approuvée, parce que le salut
du Peuple doit être preferé à toutes
les autres considérations humaines.
Enfin j'ennuyerois V. A. S. si je
voulois raconter tous les glorieux coups
d'Etat, qui ont été faits dans la Maison Electorale Palatine. Mais je ne
dois pas oublier que Jean Casimir,
cadet de Deux Ponts, fit un mariage
qui donna le moyen à Charles Gus-

tave son fils, de mettre une puissante Couronne sur sa tête ; & de faire un coup d'Etat, qui le mit en passe d'étendre les frontieres de son Royaume, jusqu'aux portes de Smolensko, & qui les étendit en effet jusqu'au détroit du Zond. Mais le Souverain, qui touche V. A. S. de plus près qu'aucun de ceux de qui je viens de parler, a fait depuis peu deux coups d'Etat, qui environnent sa Principauté d'une muraille de diamant. J'entens le mariage de Madame, avec Philippe fils de France, Duc d'Orleans, & celui de V. A. S. avec Guillemete Ernestine, Princesse Royale de Dannemarc. Ces mariages sont si avantageux, que les amis de votre Maison Electorale, les regardent avec un extrême sentiment de joye, & ses envieux avec un creve-cœur, à les faire mourir. Au reste, MONSEIGNEUR, les actions que je viens de raconter, ne font pas la centiéme partie de celles que V. A. S. trouvera dans ce Traité. Il n'y a pres-

que pas un coin de terre au monde,
que le sieur Naudé n'ait fureté, pour
divertir un grand Prélat, & il n'a
rien écrit de considérable, sur quoi je
n'aye fait des réflexions pour donner
du plaisir à V. A. S. & pour lui faire
voir, quand, comment, & par qui les
coups d'Etat peuvent être pratiqués
avec bonheur & justice. Si mon dessein a réussi, je m'estimerai heureux,
& si mon courage a été plus grand
que mes forces, V. A. S. aura la
bonté de pardonner à ma témérité.
L'amour va presque toujours dans
l'excès, & je puis assurer V. A. S.
que depuis le tems que j'ai eu l'honneur de la voir & de parler à elle,
j'ai désiré avec une extrême passion de
lui faire connoître, que de tous les
hommes qui reverent ses vertus, je
suis celui qui le fait avec plus de respect, & qui lui désire plus de bien.
Oui, MONSEIGNEUR, j'ai un désir extraordinaire de voir V. A. S.

élevée au-desfus de ses plus éminens prédécesseurs, & souhaite qu'elle posféde en un souverain degré, la prudence de Charles-Louis, le bonheur de Philippe, la sagesse de Jean, la clémence de Robert, la magnanimité d'Othon Henri, la valeur de Frideric & la constance de Rodolphe, afin que faisant une couronne de toutes les vertus de ses plus braves ancêtres, elle régne toujours glorieusement sur ses passions & sur ses sujets, quand l'ordre de la succession l'appellera à la Régence; & qu'elle laisse ses Etats florissans à une postérité qui les posféde sans interruption, jusqu'à ce qu'on n'ait plus besoin de faire des coups d'Etat. Je voudrois pouvoir contribuer plus que des souhaits à la gloire de V. A. S. & cela n'étant point, je la supplie de vouloir être entierement persuadée, que le plus ardent désir que j'aie, c'est de faire voir à tout le monde, que je suis avec tout le

respect & avec toute la révérence
possible,

DE VOTRE ALTESSE SERENISSIME,

Le très-humble, très-obéissant,
& très-fidele serviteur,
L. D. M.

PREFACE.

L'On n'a peut-être point vû de livre
si extraordinaire que celui-ci, le commencement, le milieu & la fin ont quelque chose qu'on ne trouve point ailleurs.
L'Epître dédicatoire commence par un
vers de Perse, & finit par un autre d'Horace. Le premier & le second Chapitre,
ont un beau Mais en tête; & le corps du
livre a par-tout, quelque doctrine peu commune. La fin n'est guerre moins bizarre,
puisque l'Auteur emprunte des vers la-
tins, pour assurer le Cardinal Bagni,
que s'il agrée ces coups d'Etat, il fera
quelque chose de plus grand. Cette façon
d'écrire me persuade qu'en effet M. Naudé
n'avoit pas envie de publier ce livre, quand
il le fit. Car un homme, qui met en dépôt
les sentimens de son ame dans celle de
son ami; & un serviteur, qui répond à
son Maître sur les affaires d'importance,
dont il lui demande son avis, parlent
avec plus de liberté, que ceux qui dis-
courent en public de choses, qui peuvent
être censurées d'une infinité de personnes.
C'est aussi ce qui me fait croire que cet
ouvrage peut avoir été imprimé, contre

la volonté de l'Auteur. Ce n'eſt pas qu'il ſoit à rejetter en tout & par tout, & qu'il ne contienne des maximes qu'on peut pratiquer ſans contrevenir aux régles de la bonne politique ; mais véritablement, il y en a qu'on approuvera difficilement, & que les prudens Payens mêmes auroient entierement rejettées. Pour cette cauſe ſçachant que pluſieurs jeunes gentils-hommes, dont quelques-uns peuvent être employés à la Cour, & à la conduite des Etats, liſent ces conſidérations politiques, & qu'ils pourroient perſuader à leurs Maîtres d'imiter indifféremment tout ce qu'elles contiennent, ou les mettre eux-mêmes en pratique, ſans aucune diſtinction. J'ai réſolu de faire voir qu'il y a des coups d'Etat, qui peuvent être pratiqués parmi les peuples civiliſés, & d'autres, qu'on doit laiſſer pour le Turc, & pour le Moſcovite. Je ſouhaiterois que ce livre fut moins commun, parce que les hommes ſe laiſſent ſouvent perſuader par l'exemple, & ſans conſidérer le deshonneur qui talonne les mauvaiſes actions, ils les mettent en pratique ; parce que d'autres en ont fait de même, & parce que je ſerois libre de la peine, où le deſir d'un ami vient de m'engager. Car enfin je ſçai que les goûts ſont différens, & qu'on trouve des perſonnes, à qui les plus cruelles ac-

tions plaifent davantage que les modérées.
Je ne doute point auffi qu'on ne trouve des
gens qui me blâmeront & diront, que le
feul nom de Naudé, me devoit avoir em-
pêché de toucher à cet ouvrage. A ceux-là,
je réponds, que j'ai connu M. Naudé,
que je l'ai trouvé homme d'efprit & de
probité, que je laiffe fon ouvrage tel qu'il
eft, & que je ne fais prefque autre cho-
fe que l'expliquer. Mais je ne crois pas
qu'en fa vieilleffe, il eut approuvé ce qu'il
avoit écrit, avant que l'âge lui eut per-
mis de pefer la conféquence de fes maxi-
mes. Enfin je me mets en danger d'être
cenfuré ; mais mon intention étant jufte,
je ne me foucie gueres de ce que les paf-
fionnés pourront dire, pourvû que le pu-
blic reçoive quelque utilité de mon travail.
Au refte, des gens à qui je dois du refpect,
m'ont confeillé d'inférer ici mot à mot,
le Traité du Sieur Naudé, & je l'ai fait.
Non-feulement, parce que je défére beau-
coup au fentiment de mes amis ; mais
auffi parce que mes lecteurs comprendront
plus facilement le fujet que j'ai d'en ad-
mirer une partie, & d'éclaircir & de re-
jetter l'autre. Je commence donc, & loge
mes réflexions immédiatement après cha-
que Chapitre, afin que ceux qui defireront
de les voir, les puiffent touver fans au-
cune difficulté.

A L'AUTEUR.

L'Un s'émerveillera de vous voir en jeuneſſe
Déja tout poſſéder ce que l'antiquité,
Se travaillant ſans fin dans ſon infinité,
A peine a ſçu tirer des tréſors de ſageſſe.

Un autre admirera l'héroïque hardieſſe ,
Dont voulant retablir ici la liberté,
Vous combattez ſi bien contre la fauſſeté ,
Même dedans la place où elle eſt la maîtreſſe.

Bref dans votre diſcours chacun admirera
Une diverſité des merveilles qu'il a
Mais voici celle-là qu'entre autres j'ai trouvé :

C'eſt que ſachant ſi bien le naturel des Grands,
Leurs maximes & leurs coups , vous ſoyez ſi
long-tems
Reſté dans une vie innocente & privée.

JAC. BOUCHARD, à Rome ce premier
de l'an CIƆ IƆC XXXIX.

A Monsieur NAUDÉ.

STANCES.

Naudé, si je voulois parler de ton Ouvrage
    Selon mes sentiments,
Je te dirois, qu'il peut instruire le plus sage
    D'entre les Courtisans.

Le Ministre d'Etat, & le Souverain même,
    Lisant tes beaux Ecrits,
Verront, que tu avois un jugement extrême,
    Lorsque tu écrivis.

Et si comme tu dis, ce fut en ta jeunesse,
    Tu as beaucoup plus fait,
Puisqu'on voit rarement une telle sagesse
    En un âge parfait.

Mais je ne sçai pourquoi, celui qui t'interprête
    N'ose dire son nom,
Peut-être auroit il fait une heureuse conquête
    D'honneur & de renom.

Au moins, n'auroit il point diminué la gloire,
    S'il en eût autrefois,
Et les sçavans auroient honoré sa Mémoire,
    D'une commune voix.

J'ai lû tout ce Traité, & n'ai rien vû qui puisse
    Choquer les Souverains,
Et l'on n'y peut trouver rien, qui ne les instruise
    Dans leurs plus grands desseins.

Que si la liberté, dont il dit sa pensée,
    Choque les scrupuleux,
Qu'ils n'aillent pas plus loin, je leur dis dès l'entrée,
    Qu'il n'écrit pas pour eux.

AU LECTEUR.

CE Livre n'ayant été compofé que pour la fatisfaction d'un particulier, on n'en fit imprimer que douze exemplaires, qui n'ont paru que dans fort peu de Cabinets, où ils ont toujours tenu le premier rang entre les piéces curieufes; mais comme le hazard m'en a donné une copie, j'ai crû que je n'obligerois pas peu le Public, en lui donnant un tréfor qui n'étoit poffédé que de fort peu de perfonnes; cela joint au mérite de l'Auteur, & à celui de l'ouvrage, à qui on faifoit tort de ne le pas faire connoître, m'ont obligé à le mettre fur la preffe, & à inférer à la fin de chaque page la traduction Françoife des citations Greques, Latines & Italiennes, qui font dans le corps du Livre, afin de faire connoître le mérite de l'œuvre à plus de perfonnes, & donner au Livre la feule perfection qui fembloit y manquer; ceux qui le liront admireront ce Traité, & me fçauront bon gré de leur avoir fait part d'une piéce fi rare. Adieu.

Fin de la Table des Chapitres.

AVERTISSEMENT

DE M. NAUDE',

Sur son Livre des Coups d'Etat.

CE Livre n'a pas été composé pour plaire à tout le monde, si l'Auteur en eut eu le dessein, il ne l'auroit pas écrit du stile de Montagne & de Charron, dont il sçait bien que beaucoup de personnes se rebutent, à cause du grand nombre de citations latines. Mais comme il ne s'est mis à le faire que par obéïssance, il a été obligé de coucher sur le papier les mêmes discours, & de rapporter les mêmes autorités, dont il s'étoit servi en parlant à Son Eminence. Aussi n'est-ce pas pour rendre cet ouvrage public, qu'il a été mis sous la presse ; elle n'a roulé que par le commandement, & pour la satisfaction de ce grand Prélat, qui n'a ses lectures agréables, que dans la facilité des livres imprimés ; & qui pour cette cause a voulu faire tirer une douzaine d'exemplaires de celui-ci , au lieu des copies manuscrites, qu'il en faudroit faire. Je sçais bien que ce nombre est trop petit pour permettre que ce Livre soit vû d'autant de personnes que le Prince de Balzac ,& le Ministre de Silhon. Mais comme les choses qu'il traite sont beaucoup plus importantes , il est aussi fort à propos qu'elles ne soient pas si communes. Et en un mot, l'Auteur n'a eu autre but que la satisfaction de Son Éminence , tant pour composer , que pour publier cet Ouvrage.

A MONSEIGNEUR

L'EMINENTISSIME CARDINAL

DE BAGNI.

MON TRES-BON

ET TRÈS-HONORÉ MAÎTRE.

Non equidem hoc studeo, bullatis ut mihi nugis
Pagina turgescat, dare pondus idonea fumo :
Secreti loquimur, tibi nunc, hortante Camænâ,
Excutienda damus præcordia. (a)

Monseigneur,

Puisque vous êtes maintenant
à Rome, jouissant des honneurs, qui
servent de récompense à vos mérites,
& vivant dans le repos, que les fonc-

(a) Je n'ai point essayé d'enfler mes ouvrages de sornettes boufies, qui ne font que de la
fumée. Je vous parle confidemment, & la Muse
me sollicite de vous découvrir le fond de mon
ame. *Pers. Sat.* 5.

A ij

tions publiques heureusement exercées , en sept Gouvernemens , une
Vice-Légation , & deux Nonciatures
vous y ont acquis ; je n'ai pas cru
pouvoir mieux employer le loisir duquel votre bienveillance , & votre
bonté extraordinaire m'y font pareillement jouir , qu'en vous entretenant
des plus relevées Maximes de la Politique , & de ces grandes affaires
d'Etat , en la conduite desquelles
VOTRE EMINENCE a tellement
fait remarquer sa prudence , que les
plus grands Génies qui gouvernent
présentement toute l'Europe , en sont
demeurés remplis d'étonnement , &
n'ont jamais mieux réussi aux déli-
bérations & entreprises les plus difficiles , que lorsqu'ils les ont maniées
suivant les bons & généreux avis qu'il
vous a plû de leur en donner. Adeò.
Nil desperandum Teucro duce & auspice
Teucro. (a)

____

(a) Aussi ne faut-il point désespérer, puisque
Teucer marche à la tête ; il ne faut rien craindre aussi sous le bonheur de sa conduite. *Horat.*
l. 1. carm. Ode 7.

RÉFLEXIONS

Sur L'Epître dédicatoire.

CE Prélat étant en France, Nonce du Pape Urbain VIII. honora M. Naudé de sa bienveillance, & de sa conversation ; & comme les personnes destinées au gouvernement des Etats, aiment les entretiens Politiques, sans. doute il le fit discourir en diverses rencontres de matieres relevées, & peut-être même de celles qu'on voit dans ce traité. Il semble toutefois, que l'Epître dédicatoire, & la Préface de cet ouvrage, se contredisent en quelque façon ; puisque la premiere témoigne que ce Livre a été composé après le départ du Cardinal, & *tandis qu'il jouissoit à Rome des honneurs, qu'il avoit mérités par sept gouvernemens, par une vice-Légation, & par deux Nonciatures.* La Préface au contraire nous veut persuader, que ce Livre *a été fait par obéissance, & que l'Auteur a été obligé de coucher sur le papier les mêmes discours, & rapporter les mêmes autorités dont il s'étoit servi en parlant à Son Eminence.* Je crois bien qu'il a parlé au Cardinal des

Coups d'Etat en général, & de quelques-
uns en particulier. Mais il n'est pas croya-
ble, que dans leur entretien, ils ayent fait
un livre. Et moins encore qu'en un discours familier, le sieur Naudé ait pé-
dantisé, en alléguant des citations latines,
puisqu'il dit lui-même dans le premier
Chapitre de son traité, que *sept ou huit*
ans qu'il a employés dans les Colléges
ne lui ont rien laissé de Pedant. Au reste,
j'ai eu l'honneur de converser avec le Cardinal, tandis qu'il étoit Nonce en France,
& avec le sieur Naudé, lorsqu'il étoit
Bibliothécaire du Cardinal Mazarin, &
je ne leur ai jamais entendu dire un mot
de latin étant en compagnie. En effet, cette façon de converser est bannie de la so-
ciété des honnêtes-gens en France, & peut-
être seroit-elle mal reçûe ailleurs, parce
qu'elle sent plus l'Ecole que la Cour.

CONSIDERATIONS
POLITIQUES
SUR
LES COUPS D'ETAT.

CHAPITRE I.

*Objections que l'on peut faire contre
ce discours avec les réponses
nécessaires.* (1)

AIS à grand peine, MON-
SEIGNEUR, ai-je tracé
les premieres lignes de
ce discours, que je me treuve ren-
fermé entre deux puissantes difficultés, capables, à mon avis,

A iv

d'empêcher toute autre perfonne qui auroit moins de courage & d'affection que moi, de paffer outre, & de glacer le fang des plus échauffés à la recherche de ces réfolutions, non moins périlleufes qu'extraordinaires. Car fi le judicieux Poëte Horace difoit ingénument à fon ami Pollio, qui vouloit écrire l'hiftoire des guerres civiles arrivées de fon temps.

> *Periculofæ plenum opus aleæ*
> *Tractas, & incedis per ignes*
> *Suppofitos cineri dolofo.* (a)

Quel bon fuccès peut-on attendre de cette mienne entreprife beaucoup plus difficile & téméraire : vû que pour ne rien dire du danger qu'il y a de vouloir déchiffrer les actions des Princes, & faire voir à nud ce qu'ils s'efforcent tous

---

(*a*) Votre ouvrage eft périlleux, & vous marchez fur des feux cachés fous une cendre trompeufe. *Ode.* 1, *lib.* 2.

les jours de voiler avec mille fortes d'artifices ; il y en a encore deux
autres de non moindre conféquence ; l'un defquels je puis en quelque façon appréhender pour ce qui
regarde & touche votre perfonne ;
comme auffi rencontrer l'autre en
ce qui concerne la mienne.

Et pour ce qui eft du premier,
je dirois volontiers avec le Poëte,
qui a fi bien traité la Philofophie
dans fes beaux vers, qu'il eft maintenant le feul & unique foutien
de fa fecte :

Illud in his rebus vereor, ne forte rearis,
Impia te rationis inire elementa, viamque
Indugredi fceleris. (a)

Au moins devrois-je craindre à
bon droit de bleffer les oreilles de
Votre Eminence, (2) d'effaroucher fes yeux, & de troubler la

______

(*a*) J'appréhende que de ce pas il ne vous
vienne en l'efprit que vous êtes dans les élémens
de l'impiété, & que vous entrez dans la voye
du crime. *Lucret. lib.* 1.

douceur & facilité de fa nature, auffi bien que le repos & l'intégrité de fa confcience, par le récit de tant de fourbes, de tromperies, violences & autres femblables actions injuftes (commes elles femblent de premier abord) & tyranniques, qu'il me faudra ci-après déduire, expliquer & défendre.

Que fi Enée, l'un des plus réfolus Capitaines de l'antiquité, (3) fut tellement émû de commifération au feul récit qu'il lui falloit faire devant la Reine de Carthage, du fac & des ruines de la Ville de Troye qu'il ne le pût commencer que par ces paroles :

Quanquam animus meminiffe horret, luctuque refugit. (a)

Et fi un certain Empereur qui n'a toutefois pû éviter le furnom

---

(a) Bien que mon ame ait horreur de s'en fouvenir, & qu'elle s'éloigne de tout fon pouvoir de la feule penfée d'un deuil fi fenfible. *Virgil. Æn.* 2.

de Cruel, dit un jour au Prevôt, qui lui faifoit figner la condamna-tion de deux pauvres miférables : (a) *Utinam nefcirem litteras*. (4) Ne pourriez-vous pas fouhaiter avec plus de raifon de n'avoir jamais vû ce difcours ; puifqu'il ne vous doit entretenir que de ce qui eft le moins convenable à votre grande humanité, candeur & bienveil-lance ? Et puis ne ferois-je pas beaucoup mieux de fuivre le con-feil de Salomon, (b) *coram Rege tuo noli videri fapiens*, & vivre dans la continuation des études efquel-les j'ai été nourri dès ma jeuneffe, que de paroître devant vous avec ces conceptions extravagantes, comme Diognotus fit avec les fien-nes devant Alexandre, pour fe fai-re eftimer un grand Ingénieur & Architecte ? vû principalement que

-----

(a) Plût à Dieu que je ne fçuffe point écri-re. *Senec. lib. 2 de clem.*

(b) Ne veuille pas faire le fage devant ton Roi.

(5) je puis appréhender d'avoir pareille iffue de ce raifonnement, qu'eut le Grammairien Phormion de celui de l'art militaire qu'il fit devant Annibal, eftimé le premier Capitaine de fon temps ? (a) *Omnes fiquidem videmur nobis faperdæ, feftivi, belli, cùm fimus copreæ.*

Et à la vérité quand je viens à confidérer le peu de moyens que j'ai pour me bien acquitter de cette entreprife, qui eft la feconde difficulté que j'y rencontre, j'ai prefque envie de ne point paffer outre, & de m'en déporter entierement, afin de ne point encourir la cenfure que Phœbus donna en pareille rencontre à fon fils dans le Poëte,

Magna petis, Phaethon, & quæ non viribus ipfis.
Munera conveniunt. (b)

(a) Vû même qu'il nous femble à tous que nous fommes fages, plaifans & beaux, quoique nous ne foyons que des bouffons. *Varro.*

(b) Tu demandes des chofes grandes, Phaë-

Auſſi fit-il une chûte mémorable pour s'être approché trop près du Soleil ; & pluſieurs qui n'avoient pas moins de témérité ont ſignalé leur perte par la trop grande hardieſſe de leur entrepriſe. (6) Et moi qui ſuis encore tout nouveau en ces exercices,

Enſe velut nudo parmaque inglorius alba. (a)

Oſerai-je bien me mêler de ces ſacrifices, plus cachés que ceux de la Déeſſe Eleuſine, ſans y être initié ? Avec quelle aſſurance pourrai-je entrer dans le fonds de ces affaires, pénétrer les cabinets des Grands, paſſer au ſanctuaire où ſe forment tous ces hardis deſſeins, ſans avoir eu l'adreſſe & la communication de ceux qui les conduiſent ? certes je pardonnerois volon-

---

ton, & des dons qui ne ſont pas proprotionnés à tes forces. *Ovid. in Met.*

(a) Comme portant une épée à la main avec une rondache blanche, pour ne m'être point encore ſignalé dans le péril, *Virgil. Æn. 9.*

tiers à celui qui me voyant en cette réfolution , jugeroit incontinent, que ce feroit violenter la
nature , laquelle ne paffe jamais fi
promptementd'uneextrémitéàl'autre ; ou pour en parler plus modéré-
ment , que ce feroit avec beaucoup
plus de hardieffe que de raifon ,
vouloir cingler fur les plus hautes
mers fans bouffole , & s'engager
dans un labirinthe de rufes & de
fubtilités infinies , fans avoir en
main le filet de cette fcience pour
s'en développer avec le fuccès d'u-
ne iffue favorable. Et ce d'autant
plus volontiers , qu'il n'en eft pas
ici, comme de ceux , qui envifa-
gent avec beaucoup moins de difficulté le Soleil, qu'ils font plus éloignés de fa face ; ou bien comme
de ces Peintres , dont ceux qui ont
la vûe courte , font d'ordinaire les
plus excellens tableaux : mais plutôt que cette prudence politique eft
femblable au Prothée , duquel il
nous eft impoffible d'avoir aucune

connoiſſance certaine , qu'après être deſcendu (*a*) *in ſecreta ſenis ,* & avoir contemplé d'un œil fixe & aſſuré , tous ſes divers mouvemens, figures & métamorphoſes , au moyen deſquelles ,

Fit ſubitò ſus horridus , atraque Tigris ,
Squammoſus que Draco, & fulvâ cervice Leæna.(b)

Toutefois comme le jeune Ariſtée ne fut point détourné , par les grandes difficultés que lui propoſoit Arethuſe, d'entreprendre ſon voyage , & d'obtenir enſuite toute ſorte de contentement : auſſi les précédentes n'auront pas plus de force en mon endroit, & mille autres davantage ne me pourroient empêcher , qu'après m'être aviſé du conſeil que donne Pline le

---

(*a*) Dans les ſecrets de ce vieillard.
(*b*) Tout d'un coup il vous préſente l'horreur d'un ſanglier, il ſe couvre de la peau noire d'un tygre, des écailles d'un dragon, & du poil roux d'une lionne. *Virgil. in Georg. IV.*

jeune, (a) *tutius per plana, sed humilius & depressius iter; frequentior currentibus quàm reptantibus lapsus, sed & his non labentibus nulla laus, illis nonnulla laus etiamsi labantur,* je ne fournisse entierement la carriere du dessein que je me suis proposé.

C'est pourquoi, MONSEIGNEUR, pour répondre aux deux difficultés que je me suis faites ci-dessus, & à celle qui regarde Votre Eminence premierement, (7) il ne faut point appréhender que cette doctrine heurte tant soit peu votre piété, ou trouble aucunement le repos & l'intégrité de votre conscience, comme il semble de premier abord, que ces trois vers de Lucrece le

____

(a) Les chemins unis sont bien plus assurés, mais aussi plus bas & plus ravalés; ceux qui courent tombent bien plus souvent que ceux qui marchent bellement; mais ceux-ci ne remportent aucune louange quoiqu'ils ne tombent pas, au lieu que ceux-là en acquierent en quelque façon encore bien qu'ils tombent.

veuillent

veuillent perfuader : le Soleil épand fa lumiere fur les chofes les plus viles & abjectes fans en être gâté ou noirci.

Nec quia forte lutum radiis ferit, eft ideò ipfe
Fœdus ; non fordet lumen quum fordida tangit. (a)

Les Théologiens ne font pas moins religieux pour fçavoir en quoi confiftent les héréfies, ni les Médecins moins prud'hommes, pour connoître la force & la compofition de tous les venins. Les habitudes de l'entendement font diftinguées de celles de la volonté, & les premieres appartiennent aux fciences, & font toujours louables ; les fecondes regardent les actions morales, qui peuvent être bonnes ou mauvaifes. Tritheme & Pererius ont montré qu'il étoit

—————————

(a) Bien que de fes rayons il puiffe toucher de la bouë, il n'en eft pas pour cela fouillé ; la lumiere ne fe fouille point quand elle touche des chofes fales. *Paling. in Scorp.*

Tome I. B

expédient qu'il y eut des Magiciens, & que l'on fçût au vrai le moyen d'invoquer les démons, pour convaincre par l'apparition d'iceux, l'incrédulité des Athées : les foldats vont d'ordinaire aux exercices pour apprendre à bien manier la picque , & à tirer du moufquet ; afin de pouvoir avec plus d'artifice & d'induftrie, tuer les hommes, & détruire leurs femblables : mais ils ne s'en fervent néanmoins que contre les ennemis de leur Prince, ou de la patrie : les meilleurs Chirurgiens n'étudient autre chofe, qu'à pouvoir dextrement couper bras & jambes, & ce pour le falut des malades,

Truncantur & artus ,
Ut liceat reliquis fecurum degere membris (a)

Pourquoi donc fera-t-il défendu à un grand politique de fçavoir

______

(a) On coupe certains membres , afin de garantir les autres par le retranchement de ceuxlà. *Claud. 2. in Eutrop.*

hauffer ou baiffer, produire ou refferrer, condamner ou abfoudre,
faire vivre ou mourir, ceux qu'il
jugera expédient de traiter de la
forte, pour le bien & le repos de
fon Etat.

Beaucoup tiennent que le Prince bien fage & avifé, doit non-
feulement commander felon les
loix; mais encore aux loix mêmes
fi la néceffité le requiert. *Pour gar-*
der juftice aux chofes grandes, dit
Charron, *il faut quelquefois s'en dé-*
tourner aux chofes petites, & (8) *pour*
faire droit en gros, il eft permis de
faire tort en détail.

Que fi l'on m'objecte qu'il n'eft
pas toutefois à propos de difcourir de ces chofes, & que c'eft proprement mettre (*a*) *gladium ancipi-*
tem in manu ftulti, que de les enfeigner; je répondrai à cela, que
les méchans peuvent abufer de tout

(*a*) Une épée à deux tranchans entre les mains
d'un fol.

ce qu'il y a de meilleur en ce monde, & faire comme les mouches bâtardes & frêlons, qui convertissent les plus belles fleurs en amertume : (9) Les Hérétiques trouvent les fondemens de leur impiété dans la Sainte Ecriture ; les Paracelsistes abusent du texte d'Hippocrate pour établir leurs songes ; les Avocats citent le Code & les Pandectes, pour défendre les plus coupables ; & néanmoins l'on n'a jamais songé à supprimer ces Livres : l'épée peut aussi-tôt offenser que défendre ; le vin aussi-tôt enyvrer que nourrir ; les remedes aussi-tôt tuer que guérir ; & personne toutefois n'a encore dit que leur usage ne fut très-nécessaire. C'est une loi commune à toutes les choses, qu'étant instituées à bonne fin, l'on en abuse bien souvent : la nature ne produit pas les venins pour servir aux poisons, & à faire mourir les hommes, parce qu'en ce faisant elle se détruiroit elle-même :

mais c'eſt notre propre malice qui les convertit en cet uſage, (a) *Terra quidem nobis malorum remedium genuit , nos illud vitæ fecimus venenum.*

Mais il faut encore paſſer outre, & dire que la malice & la dépravation des hommes eſt ſi grande, & les moyens deſquels ils ſe fervent pour venir à bout de leurs deſſeins ſi hardis & dangereux , que de vouloir parler de la politique ſuivant qu'elle ſe traite & exerce aujourd'hui , ſans rien dire de ces coups d'Etat , c'eſt proprement ignorer la Pædie , & le moyen qu'enſeigne Ariſtote dans ſes Analytiques , pour parler de toutes choſes à propos, & ſuivant les principes & démonſtrations , qui leur ſont propres & eſſentiel-

____

(*a*) La terre nous a bien produit des remédes pour ſoulager nos maux ; mais nous les avons convertis en poiſon, pour nous ôter la vie. *Plin. lib.* 18. *cap.* 1.

les, (*a*) *est enim pædiæ inscientia nes-
cire, quorum oporteat quærere demons-
trationem, quorum verò non oporteat :*
comme il dit en sa Métaphysique.
C'est pourquoi Lipse & Charron,
bien qu'ils ne fussent pas des Ti-
mons & Mysantropes, ont voulu
traiter de cette partie, pour ne
point laisser leurs ouvrages impar-
faits : & le même Aristote qui n'a-
voit pas accoutumé de rien faire
(*b*) ἀπαιδεύτως, lorsqu'il a traité de
la politique & des gouvernemens
opposés à la Monarchie, Aristo-
cratie & Démocratie, qui sont la
tyrannie, l'olygarchie & l'ochlocratie, il donne aussi-bien les préceptes de ces trois vicieux que des
légitimes. (10) En quoi il a été suivi par Saint Thomas en ses com-
mentaires, où après avoir blâmé,

(*a*) Car c'est ignorer la pædie, que de ne
sçavoir pas de quelles choses il faut ou ne faut
pas chercher la démonstration.
(*b*) Sans en être bien informé.

& diffuadé par toutes raifons poffibles la domination tyrannique,
il donne néanmoins les avis &
les régles communes pour l'établir, au cas que quelqu'un foit fi
méchant que de le vouloir faire.
Et qu'ainfi ne foit, voilà fes propres
mots tirés du Commentaire fur le
cinquiéme des politiques texte XI.

(a) *Ad falvationem tyrannidis ,*
expedit excellentes in potentia vel di-
vitiis interficere , quia tales per poten-
tiam quam habent poffunt infurgere
contra Tyrannum. Iterum expedit
interficere fapientes , tales enim per
fapientiam fuam poffunt invenire vias

(a) Pour le maintien de la tyrannie, il faut
faire mourir les plus puiffans & les plus riches,
parce que de telles gens fe peuvent foulever
contre le Tyran par le moyen de l'autorité
qu'ils ont. Il eft auffi néceffaire de fe deffaire
des grands efprits & des hommes fçavans, parce qu'il peuvent trouver, par leur fcience, le
moyen de ruiner la tyrannie ; il ne faut pas
même qu'il y ait des écoles, ni autres congré-
gations par le moyen defquelles on puiffe apprendre les fciences, car les gens fçavans ont

*ad expellendam tyrannidem, nec fcho-
las, nec alias congregationes, per
quas contingit vacare circa fapientiam permittendum eft; fapientes enim
ad magna inclinantur, & ideò magna-
nimi funt, & tales de facili infurgunt.
Ad falvandam tyrannidem oportet,
quod Tyrannus procuret, ut fubditi
imponant fibi invicem crimina & tur-
bent fe ipfos, ut amicus amicum, &
populus contra divites, & divites inter fe diffentiant, fic enim minus poterunt infurgere propter eorum divifio-
nem: oportet etiam fubditos facere pau-
peres, fic enim minus poterunt infurgere
contra Tyrannum. Procuranda funt vec-*

---

de l'inclination pour les chofes grandes, & font
par conféquent courageux & magnanimes, &
de tels hommes fe foulevent facilement contre
les Tyrans. Pour maintenir la tyrannie, il faut
que le Tyran faffe en forte que fes fujets s'ac-
cufent les uns les autres, & fe troublent eux-
mêmes, que l'ami perfécute l'ami, & qu'il y ait
de la diffenfion entre le menu peuple & les riches, & de la difcorde entre les opulens. Car
en ce faifant ils auront moins de moyen de fe
foulever à caufe de leur divifion. Il faut auffi

tigalia,

tigalia, hoc eſt, exactiones multæ, magnæ, ſic enim citò poterunt depauperari ſubditi. Tyrannus debet procurare bella inter ſubditos, vel etiam extraneos, ita ut non poſſint vacare ad aliquid tranctandum contra tyrannum. Regnum ſalvatur per amicos, tyrannus autem ad ſalvandam tyrannidem non debet conſidere amicis. Et au texte ſuivant qui eſt le XII, voilà comme il enſeigne l'hypocriſie & la ſimulation.

(a) *Expedit tyranno ad ſalvandam tyrannidem, quod non appareat ſubditis ſævus ſeu crudelis, nam ſi ap-*

---

rendre pauvres les ſujets, afin qu'il leur ſoit d'autant plus difficile de ſe ſoulever contre le Tyran. Il faut établir des ſubſides, c'eſt-à-dire, de grandes exactions & en grand nombre, car c'eſt le moyen de rendre bien-tôt pauvres les ſujets. Le Tyran doit auſſi ſuſciter des guerres parmi ſes ſujets, & même parmi les étrangers, afin qu'ils ne puiſſent négocier aucune choſe contre lui. Les Royaumes ſe maintiennent par le moyen des amis, mais un Tyran ne ſe doit fier à perſonne pour ſe conſerver en la tyrannie.

(*a*) Il ne faut pas qu'un Tyran, pour ſe maintenir dans la tyrannie, paroiſſe à ſes ſujets être

pareat sævus reddit se odiosum, ex hoc autem facilius insurgunt in eum : sed debet se reddere reverendum propter excellentiam alicujus boni excellentis , reverentia enim debetur bono excellenti ; & si non habeat bonum illud excellens , debet simulare se habere illud. Tyrannus debet se reddere talem , ut videatur subditis ipsum excellere in aliquo bono excellenti in quo ipsi deficiunt , ex quo eum revereantur. Si non habeat virtutes secundum veritatem , faciat ut opinentur ipsum habere eas.

(11) Voilà certes des préceptes bien étranges en la bouche d'un Saint,

---

cruel, car s'il leur paroit tel , il se rend odieux , ce qui les peut plus facilement faire soulever contre lui : mais il se doit rendre vénérable pour l'excellence de quelque éminente vertu, car on doit toute sorte de respect à la vertu ; & s'il n'a pas cette qualité excellente , il doit faire semblant qu'il la possède. Le Tyran se doit rendre tel , qu'il semble à ses sujets qu'il possède quelque éminente vertu qui leur manque, & pour laquelle ils lui portent respect. S'il n'a point de vertus en effet , qu'il fasse en sorte qu'ils croyent qu'il en ait.

& qui ne différent en rien de ceux de Machiavel & de Cardan, mais qui fe peuvent toutefois fauver par ces deux raifons affez probables & légitimes. La premiere eft, que ces maximes étant ainfi déclarées & éventées, les fujets peuvent plus facilement reconnoître quand les déportemens de leurs Princes tendent à établir une domination tyrannique ; & conféquemment y donner ordre : tout de même que les mariniers fe peuvent plus facilement retirer à l'abri, lorfqu'ils ont prévû l'orage & la tempête, par les fignes que les routiers & pilotages leur en fourniffent. La feconde, parce qu'un Tyran qui veut fans confeil & avis établir fa domination,

Cuncta ferit, dum cuncta timet, graffatur in omnes,
omnes,
Ut fe poffe putent. (a)

(a) Frape tout & n'épargne perfonne, & quand il craint le plus, c'eft pour lors qu'il at-

& reſſemble quelquefois au loup, lequel étant entré dans la bergerie , & pouvant ſe raſſaſier & appaiſer ſa faim ſur une ſeule brebis, ne laiſſe pourtant d'égorger toutes les autres ; ou au contraire s'il y procéde avec jugement, & ſuivant les préceptes de ceux , qui ſont plus aviſés & moins paſſionnés que lui , il ſe contentera peut-être d'abattre comme Tarquin les têtes des pavots plus élevés , ou comme Thraſibule & Periander , les eſprits qui paroiſſent par-deſſus les autres ; & ainſi le mal, qui ne ſe peut éviter ſe rendra beaucoup plus doux & ſupportable.

D'ailleurs il ne faut pas craindre que le narré de tous ces tragiques accidens puiſſe offenſer les oreilles de Votre Eminence, (12) ou troubler tant ſoit peu la douceur & facilité de votre nature.

---

taque tout le monde , afin qu'on croye qu'il eſt bien puiſſant. *Claudian.*

L'entiere connoissance que vous vous êtes acquise des affaires politiques, & la longue pratique & expérience que vous avez de la Cour des plus grands Monarques, où ces Machiavellismes sont assez fréquens, ne permettent pas que l'on vous prenne pour apprentif à les connoître. Et puis, (13) encore que la justice, & la clémence soient deux vertus bien sortables à un grand homme, il n'est pas toutefois à propos qu'il ait pareille inclination à la miséricorde : Séneque en donne cette raison, en son Traité de la Clémence, (a) *Quemadmodùm*, dit-il, *Religio Deos colit, superstitio violat, ita clementiam mansuetudinemque omnes boni præf-*

(a) Ainsi comme la Religion révere les Dieux, & que la superstition les offense, tous les gens de bien embrasseront la clémence & la douceur ; mais ils éviteront la compassion. Car c'est une marque d'un cœur bas, & d'un esprit foible, de se laisser toucher aux maux que l'on voit souffrir aux autres. *lib. 2. c. 5.*

tabunt, mifericordiam autem vitabunt; eft enim vitium pufilli animi ad fpeciem alienorum malorum fubfidentis. Or ce feroit un crime de penfer, qu'il y eut rien en Votre Eminence de vil, rampant & abject, d'autant que s'il eft vrai, comme dit le même, que (a) *nihil æquè hominem quàm magnus animus decet ;* avec combien plus de raifon, cet efprit fort fe doit-il rencontrer en Votre Eminence (14) pour accompagner dignement, & rehauffer cette grande dignité qu'elle foutient, non-feulement de Prince de l'Eglife, mais encore de principal Confeiller de Sa Sainteté, & quafi de tous les plus puiffans Princes d'Europe ; (b) *Magnam enim fortunam magnus animus decet, qui nifi fe ad illam*

____

(a) Qu'il n'y a rien qui foit fi bienféant à un homme qu'un grand courage.

(b) Car pour ménager une grande fortune, il faut un grand efprit, & tel que s'il ne s'eft élevé jufqu'à elle & ne s'eft placé au-deffus, il la renverfe & la met plus bas que la terre.

*extulit & altior stetit ; illam quoque
infra terram deducit ;* au moins fait-
il qu'elle en est administrée avec
beaucoup moins d'autorité & de
réputation. Ainsi voyons - nous
dans les Histoires que le Roi Epi-
phanes , pour avoir méprisé sa dignité, & ne s'être pas gouverné
en Roi, fut surnommé l'Insensé : &
que Ramire d'Arragon, qui n'avoit
quitté toutes les façons de faire
des Moines, en sortant du Cou-
vent pour prendre la Couronne,
fut grandement moqué & méprisé
de tous ses Courtisans. (15) Notre
temps même nous fournit les exemples d'un Roi de la grande Bretagne, lequel (a) *è stato schernito & bef-
feggiato per haver voluto comporre
libri & fare del letterato ;* & de Henri III. tant chanté & remarqué
dans nos Histoires modernes , le-

(a) A été méprisé & moqué pour avoir voulu composer des livres , & faire l'homme de
lettres. *Tassoni. lib. 7. cap. 4.*

quel pour avoir vécu parmi les Moines, & dans un excès de dévotion mal réglée, abandonnant son Sceptre & le Gouvernement de son État, donna sujet au Pape Sixte V. de dire : *Ce bon Roi fait tout ce qu'il peut pour être Moine, & moi j'ai fait tout ce j'ai pû pour ne l'être point.* Et pour ce un des meilleurs avis que donna jamais M. de Villeroi à Henri le Grand, (16) qui avoit vécu en soldat & carabin pendant les guerres, qui se firent à son avénement à la Couronne, fut, lorsqu'il lui dit, *qu'un Prince qui n'étoit pas jaloux des respects de Sa Majesté, en permettoit l'offense & le mépris. Que les Rois ses prédécesseurs dans les plus grandes confusions avoient toujours fait les Rois : qu'il étoit temps qu'il parlât, écrivît & commandât en Roi.* Mais à quoi bon chercher des exemples chez les Princes étrangers, puisque l'histoire de ceux, qui ont gouverné la Ville où se trouve à pré-

fent Votre Eminence, nous repré-
fente deux Souverains Pontifes,
qui pour n'avoir accompagné cette grandeur de leur dignité fuprême
avec celle de l'efprit, fervent encore de fables & de fujet de mé-
difance, & de rifée à la poftérité:
la grande piété & religion qu'ils
portoient empreinte fur leur face
n'ayant pas eu le pouvoir d'empêcher, que Maffon ne dit du premier, (17) qui fut Céleftin cinquiéme, (a) *Vir fuit fimplex, nec
eruditus, & qui humana negotia ne
capere quidem poffet.* Et Paul Jove
du fecond, en parlant d'une certaine forte de poiffon, qui étoit
beaucoup enchérie pendant fon
Pontificat, (b) *Merluceo plebeio ad-
modùm pifci, Hadrianus fextus ficuti*

(a) Ce fut un homme fimple, fans érudition,
& qui ne pouvoit pas même comprendre les affaires humaines. *in Epifcop. Rom.*

(b) Adrien fixiéme qui avoit le goût infipide
pour toutes fortes de viandes auffi-bien que l'efprit hébété, & le jugement dépravé pour l'ad-

in Republicâ adminiſtrandâ hebetis ingenii, vel depravati judicii, ita in eſculentis inſulſiſſimi guſtus, ſupra mediocre pretium ridente toto foro piſcatorio jam fecerat. En quoi néanmoins il s'eſt montré beaucoup plus retenu & modéré, que Pierre Martyr, non l'Hérétique de Florence, mais le Protonotaire Apoſtolique natif d'une petite bourgade du Duché de Milan, lequel avoit dit en parlant de l'élection de ce même Pape : (a) *Cardinalibus hoc loco accidit quod in fabulis de Pardo ac Leone ſuper Agno raptando ſcribitur ; fortibus illis ſtrenuè ſe*

---

miniſtration de la République, avoit déja mis un prix exceſſif au Merlus, qui eſt un poiſſon aſſez commun, ce qui attira la riſée de tout le marché aux poiſſons. *Lib. de piſcib. Rom.*

(a) Il arriva en ce rencontre aux Cardinaux, ce que la fable raconte du leopard & du lion, ſur l'enlevement d'un agneau ; que pendant que ces deux généreux animaux ſe déchiroient en diſputant vaillamment à qui auroit la proye, une autre bête à quatre pieds des plus brutes & lâches, s'en rendit la maîtreſſe.

dilacerantibus , quodcumque quadru-
pes iners aliud prædæ fe dominum fecit.
De maniere qu'il faut éviter les
grandes charges (18) ou les adminiftrer avec une force & générofi-
té d'efprit fi relevée par-deffus le
commun, qu'elle foit capable de
donner envie à la Fortune de la
feconder , & favorifer en toutes
fes entreprifes : la maxime étant
très-affurée , que quiconque apporte ce principe & fondement ,
qu'il faut bien fouvent avoir de
la nature (a) *bona enim mens , nec*
emitur , nec comparatur, dit Seneque, à la conduite de fon bonheur ,
il ne peut manquer d'être le propre ouvrier & créateur de fa fortune; (b) *Sapiens pol ipfe fingit For-*
tunam fibi. Alexandre fe propofe-
t-il , (19) quoique jeune & très-

(a) Car on ne peut acheter l'efprit, ni l'acquerir par aucune autre voye.
(b) En vérité l'homme fage fe fabrique fa fortune lui-même. *Plaut. in Trinum.*

mal fourni d'argent & de foldats,
de fubjuguer les Perfes, & de paffer jufqu'aux Indes, il en vient à
bout. Céfar entreprend-il de gouverner feul cette grande République qui commandoit à toutes les
autres, il en trouve le moyen.
Deux Paftres, Romulus & Tamerlan ont-ils volonté de fonder
deux puiffans Empires, ils l'exécutent; (20) Mahomet fe veut-il
faire de Marchand Prophéte, &
de Prophéte Souverain d'une troi-
fiéme partie du monde, il lui
réuffit: & quel penfez-vous, Monseigneur, avoir été le principal
reffort qui a caufé tous ces mer-
veilleux effets! nul autre en vérité, finon celui que Juvenal noûs
enfeigne de toujours mettre & pla-
cer entre les premiers de nos fou-
haits avec fon (a) *fortem pofce ani-
mum.* Or de vouloir maintenant

____

(a) Demandez un fort efprit qui foit guéri
des craintes de la mort. *Satir.* 10.

spécifier quelles sont les parties qui bâtissent, & composent ce fort esprit, ce seroit vouloir enchasser un discours dans un autre, & faire comme Montagne, qui suit plûtôt les caprices de sa fantaisie, que les titres de ses Essais. Il suffit, pour le présent, de dire, que l'une des premieres & plus nécessaires pieces, est de penser souvent à ce dire de Seneque : (a) *O quam contempta res est homo, nisi supra humana se erexerit.* C'est-à-dire, s'il n'envisage d'un œil ferme & assuré, & quasi comme étant sur le dongeon de quelque haute tour, tout ce monde, se le présentant comme un théâtre assez mal ordonné, & rempli de beaucoup de confusion, où les uns jouent des comédies, (21) les autres des tragédies, & où il lui est permis

---

(a) O que l'homme est une chose méprisable, s'il ne s'éleve au-dessus des choses humaines. *In proœm. nat. quæst.*

d'intervenir (a) *tanquam Deus ali quis ex machinâ* , toutefois & quan tes qu'il en aura la volonté, ou que les diverfes occafions lui pourront perfuader de ce faire. Que fi par avanture, MONSEI-GNEUR, il vous femble extraordinaire, & hors de faifon de mon âge, & peut-être auffi de la bienféance de ma condition, que je me faffe fi réfolu en ces matieres fort chatouilleufes & délicates d'elles-mêmes, & beaucoup plus encore en la bouche d'un jeune homme, lequel eft appellé par Horace, (b) *Utilium tardus provifor* , & n'a pas accoutumé de s'adonner à des études fi férieufes & importantes,

Quæque decent longâ decoctam ætate fenectam. (c)

(a) Comme quelque divinité qui fort d'une machine. *de Arte Poët.*
(b) Négligent aux chofes qui font utiles.
(c) Et qui conviennent à la vieilleffe confu mée dans l'âge.

Je puis premierement répondre
à Votre Eminence, que l'âge auquel je me treuve, (22) n'eft aucunement difproportionné à la matiere & au fujet que je traite. Le
Poëte qui a le premier proféré ces
deux beaux vers,

Optima quæque dies miferis mortalibus ævi
Prima fugit, fubeunt morbi triftisque feneftus. (a)

paffceroit à un befoin pour garant
& caution de mon dire, puifqu'il
lui donne une fi belle épithéte; fur
lequel Seneque voulant glofer à fa
mode (b) *Quare optima?* dit-il,
quia juvenes poffumus facilem ani-
mum, & adhuc tractabilem ad meliora

(a) Le meilleur de nos jours paffe & fuit le
premier: les maux marchent enfuite, & la trifte
vieilleffe. *Virgil.* 3. *Georg.*

(a) Pourquoi le meilleur? pour ce que nous
pouvons beaucoup apprendre en notre jeuneffe,
& faire tourner notre ame encore facile & trai-
table du côté de la vertu; parce que ce temps-
là eft le plus propre à fupporter la peine, à
exercer l'efprit dans l'étude, & le corps dans le
travail. *Epift.* 108.

convertere : quia hoc tempus idoneum est laboribus , idoneum agitandis per studia ingeniis. Et fi beaucoup de perfonnes ont executé plufieurs belles entreprifes, auparavant la fleur de leur âge : (23) pourquoi me fera-t-il défendu de les fuivre de loin, & de produire, finon des actions généreufes & relevées, au moins quelques fortes & hardies conceptions ? Vû principalement que je me fuis toujours efforcé d'acquerir certaines difpofitions d'efprit, qui ne m'y doivent pas être maintenant inutiles. Car il eft vrai que j'ai cultivé les Mufes fans les trop careffer ; & me fuis affez plû aux études fans trop m'y engager: j'ai paffé par la Philofophie Scholaftique fans devenir Erifti-que, & par celle des plus vieux & modernes fans me partialifer.

Nullius addictus jurare in verba magiftri. (a)

(a) Ne m'étant point obligé par ferment, de fuivre l'opinion d'aucun maître.

(24)

(24) Seneque m'a plus fervi qu'Ariftote ; Plutarque que Platon : Juvenal & Horace qu'Homere & Virgile ; Montaigne & Charron que tous les précédens. Je n'ai pas eu la pratique du monde, pour découvrir par effet les rufes & méchancetés qui s'y commettent, mais j'en ai toutefois vû une grande partie dans les Hiftoires , Satires & Tragédies. Le Pedantifme a bien pû gagner quelque chofe pendant fept ou huit ans que j'ai demeuré dans les Colleges , fur mon corps & façons de faire extérieures , mais je me puis vanter aſſurément qu'il n'a rien empiété fur mon efprit. La Nature , Dieu merci, ne lui a pas été marâtre, elle lui a donné une bonne bafe & fondement ; la lecture de divers Auteurs l'a beaucoup aidé, mais celle du Livre de S. Antoine lui a fourni ce qu'il a de meilleur. Enfuite dequoi je ne croi pas que Votre Eminence(25)puiſſe treu-

ver mauvais qu'étant tout plein
de zéle & de bonne affection à
fon fervice, j'employe ces penfées
qui me font particulieres, pour hon-
nêtement le divertir : fans avoir
deffein de rencontrer quelque Aga-
memnon, lequel me dife comme
à ce jeune homme de Petrone qui
venoit faire une longue déclamation, (*a*) *Adolefcens, quoniam fer-*
monem habes non publici faporis,
& quod rariffimum eft, amas bonam
mentem, non fraudabere arte fecre-
tâ : Et je n'eftime pas auffi de manquer d'occafion pour (26) faire valoir mon petit talent dans la vie
contemplative, à laquelle j'ai
voué & deftiné tout le refte de la
mienne, fans me vouloir empêcher & empêtrer dans l'active,
finon autant que le fervice de

(*a*) Jeune homme, parce que vos difcours
ont un agrément particulier, & que vous avez
de la paffion pour les bons efprits, ce qui eft
très-rare, vous ne manquerez pas d'avoir des
talens particuliers, *Init. Satir.*

Votre Eminence, à laquelle j'ai fait le premier vœu d'obéir, m'y pourroit engager.

(27) Reſte doncques maintenant à voir, ſi je n'outrepaſſe point les bornes de ma capacité, en voulant traiter de ces choſes autant éloignées ſemble-t-il de ma connoiſſance, que le jour l'eſt de la nuit ; qui eſt la derniere difficulté que je me ſuis propoſé ci-deſſus de réſoudre. Et à cela je pourrois répondre brievement, que la difficulté ſeroit bien-tôt vuidée, ſi l'on en vouloit paſſer par cet arrêt de Seneque, (a) *Paucis ad bonam mentem opus eſt literis.* Mais pour en ſpécifier quelque choſe davantage, j'avoue ingénuement que je n'ai point tant de préſomption, & de bonne opinion de moi-même que de penſer gagner le prix en cette courſe, où je ſuis encore tout nou-

____

(a) Un bon eſprit n'a pas beſoin de beaucoup de lettres. *Horat.* 1. *Ep.* 1.

veau. Néanmoins puisque suivant le dire du Poëte,

Eft aliquid prodire tenus, fi non datur ultra ; (a)

Je ferai quelque petit effort, & marcherai jufqu'à ce que je fois las ou hors du droit chemin, alors je me reposerai, & attendrai quelque nouvelle connoiffance ou inftruction pour paffer plus outre. Le bon homme Aratus qui n'entendoit pas grande chofe en l'Aftrologie, fit toutefois un beau Livre de fes Phénomenes ; Celfe qui n'étoit que pur Grammairien, a nonobftant compofé un Livre de grande importance en Médecine : Diofcoride étoit foldat, Macer Sénateur, & tous deux ont fort bien écrit des Plantes ; Hipodamus même de fimple architecte & maçon devint grand politique, & Auteur

---

(*b*) C'eft toujours quelque chofe que de commencer, fi on ne peut paffer outre.

d'une République mentionnée par
Ariftote. Auffi j'ai toujours été de
cette opinion, que (28) quiconque
a tant foit peu de naturel & d'acquis par les études, il peut inférer &
déduire de cinq ou fix bons principes, toutes fortes de conclufions,
comme Pline dit, que les Peintres
anciens faifoient leurs plus belles
pieces par le mélange de quatre
ou cinq fortes de couleurs feulement. On peut auffi ajouter, que
(29) les fciences femblent être
comme enchaînées, & cadenacées
les unes avec les autres, & avoir
une telle correfpondance, que qui
en poffède une, poffède auffi toutes celles qui lui font fubalternes.
Et de plus que (30) le fiecle où
nous fommes, femble beaucoup
favorifer ce deffein, puifque l'on
peut à peu près fçavoir & découvrir tous les plus grands fecrets
des Monarchies, les intrigues des
Cours, les cabales des factieux, les
prétextes & motifs particuliers, &

en un mot, (*a*) *quid Rex in aurem Reginæ dixerit. Quid Juno fabulata sit cum Jove*, par le moyen de tant de relations, mémoires, difcours, inftruCtions, libelles, manifeftes, pafquins, & femblables pieces fecrettes, qui fortent tous les jours en lumiere & qui font en effet capables de mieux & plus facilement former, dégourdir, & déniaifer les efprits, que toutes les actions qui fe pratiquent odinairement ès Cours des Princes, dont nous ne pouvons qu'à grande peine connoître l'importance , faute d'avoir pénétré dans leurs caufes, & divers mouvemens. Bref pour finir en peu de mots ce qui concerne le particulier de ma perfonne;

Quod Cato , quod Curius , fanCtiffima nomina quondam
Senferunt, non quid vulgus, plebfque infcia dicat,

(*a*) Ce que le Roi a dit en fecret à la Reine , & les difcours que Junon a tenus à Jupiter. *Plaut.*

Mente agito, atque mihi propono exempla bo-
norum. (a)

Il est bien vrai que ce dessein
étant un des plus relevés que l'on
puisse choisir en toute la politique,
il en sera d'autant plus difficile ;
mais aussi me fait-il espérer que la
fin en sera plus glorieuse ; pour
moi je me suis toujours plû de dire
avec Properce,

Magnum iter ascendo, sed dat mihi gloria vires ;
Non juvat ex facili lecta corona jugo. (b)

& au pire aller, aux choses grandes l'oser est honorable ; aux péril-

---

(a) Je ne pense point à ce que pourra dire le
vulgaire, & la populace ignorante, mais je
médite sur les sentimens qu'ont eu jadis Caton
& Curius, dont les noms sont en grande vénération, & me propose toujours l'exemple des
gens de bien. *Paling. in Tauro.*

(b) J'entreprens quelque chose de grand &
qui surpasse ma portée, mais la gloire que j'es-
pere y acquérir, me donne des forces pour le
faire ; je n'aime point les Couronnes qu'on
remporte sans peine.

leufes l'entreprife eft hardie ; aux hautes & relevées, la chute glorieufe ; aux grandes mers, fi la route n'eft heureufe, le naufrage eft célébre : (31) J'ébauche, un autre achevera ; j'ouvre la lice, un autre touchera le but ; je fonne la trompette, un autre gagnera le prix, (32) il y a affez de perfonnes en ce monde, qui ne peuvent marcher que fur les chemins tracés par ceux qui les ont précédé, le nombre des efprits, qui travaillent tous les jours à imiter les autres eft affez grand, fans que je captive encore le mien fous cet efclavage : & puifque tous les Auteurs, qui traitent de la politique, ne mettent point de fin à leurs difcours ordinaires de la Religion, Juftice, Clemence, Libéralité, & autres femblables vertus du Prince, ou du Miniftre, il vaut mieux que je m'écarte un peu, pour n'être atteint de cette contagion, ni enveloppé d'une telle foule ; & que pour n'arriver

des

des derniers, je paſſe par un nouveau chemin, qui ne ſoit point
fréquenté par le (a) *ſervum pecus*
d'Horace, ni entrecoupé de ces
grands Fangears & Marais relen-
tis, où il y a ſi long temps que,

Veterem in limo Ranæ cecinere querelam. (b)

Or (33) entre tous les points de la
politique, je ne voi pas qu'il y
en ait un moins agité & moins re-
battu, ni pareillement plus digne
de l'être que celui des ſecrets,
ou pour mieux dire des coups
d'Etat; car ce qu'en a dit Clapmarius en ſon traité (c) *de Arcanis
Imperiorum*, ne peut fournir une
exception valable, puiſque n'ayant
pas ſeulement conçû ce que ſigni-
fioit le titre de ſon livre, il n'y a
parlé que de ce que les autres

(a) Les eſclaves, ou gens de baſſe condition.
(b) Les grenouilles ont chanté leurs vieilles
plaintes dans la boue.
(c) Des ſecrets des Empires.

Tome I   E

Ecrivains avoient déja dit, & ré-
pété mille fois auparavant, touchant les régles générales de l'adminiftration des Etats & Empires.
Et d'autant que cette matiere eft
fi nouvelle, & relevée par-deffus
le commun fentiment des politiques, qu'elle n'a prefque encore
été effleurée par aucun d'eux, comme l'a remarqué Bodin au fixiéme de fa Méthode en ces mots :
(a) *Multi multa graviter & copiosè*
de ferendis moribus, de fanandis po-
pulis, de Principe inftituendo, de
legibus ftabiliendis, leviter tamen de
ftatu, nihil de converfionibus Impe-
riorum, & iis quæ Ariftoteles Prin-
cipum σοφίσματα, *feu* κρύφια, *Tacitus*

---

[a] Plufieurs ont traité à fond, & fort amplement de l'établiffement des mœurs, de la
guérifon des peuples, de l'inftitution des Princes, & de l'affermiffement des loix ; mais ils ont
paffé fort légérement fur les affaires d'Etat, &
n'ont rien dit des révolutions des Empires, &
de ce qu'Ariftote appelle fophifmes ou fecrets
des Princes ; & Tacite, fecrets de l'Empire.

Imperii Arcana vocat, ne attigerunt quidem : (34) Je marcherai toujours la bride en main, & apporterai toute la précaution, modeftie, & reténue poffible, pour affaifonner & tempérer ces difcours, defquels on peut encore mieux dire, que Platon ne faifoit de ceux de Théologie, ἔτοι γε οἱ λόγοι χαλεποί, (a) *diffi-ciles & cum difcrimine hi fermones.* (35) Cardan & Campanelle font paffer pour un précepte d'importance, que pour bien traiter, ou repréfenter quelque fujet, il en faut concevoir une parfaite idée, & y tranfmuer, s'il eft poffible, tout fon efprit, & toute fon imagination ; d'où l'on voit fouvent arriver, que ceux des Comédiens, qui font le mieux pourvû de cette faculté imaginative, jouent auffi toujours mieux leurs perfonnages. L'on dit en France, que du Bartas

---

[b] Ces difcours font fort difficiles & dange-reux. *Libr. de Républ.*

auparavant que de faire cette belle defcription du Cheval, où il a fi bien rencontré, s'enfermoit quelquefois dans une chambre, & fe mettant à quatre pattes, fouffloit, henniffoit, gambadoit, tiroit des ruades, alloit l'amble, le trot, le galot, à courbette, & tâchoit par toutes fortes de moyens à bien contrefaire le cheval. Agrippa même avoue, que lorfqu'il voulut compofer fa déclamation contre les fciences, il s'imagina d'être comme un chien, qui aboyoit à toutes fortes de perfonnes ; & lorfqu'il voulut écrire de la Pyrotechnie, ou des feux d'artifice, il fe perfuadoit d'être changé en un dragon, qui fouffloit le feu & le fouphre par la gueule, les yeux, les oreilles & les narines. Pour moi lorfque je traiterai ou écrirai de quelque fujet abfolument bon & profitable, je ferai bien aife de me fervir de ces imaginations ; mais en cette matiere, qui eft fi penchante vers l'injuſtice, je ne m'imaginerai jamais d'être quelque Neron, ou Buſiris, pour mieux treuver les moyens de perdre & d'exterminer le genre humain. Ce me ſera aſſez de ne pas encourir le blâme & la cenſure, que Neron donnoit aux politiques & Conſeillers de ſon temps, (*a*) *Quod tanquam in Platonis Republicâ, non tanquam in Romuli fæce ſententiam dicerent.* Et ſi je ſçavois que le peu que j'en dirai pût cauſer quelque abus & déſordre plus grand que celui qui eſt aujourd'hui en pratique entre les Princes, je jetterois tout maintenant la plume & le papier dans le feu, & ferois vœu d'éternel ſilence, pour ne me point acquerir la louange d'un homme fin & ruſé dans les ſpé-

---

(*a*) Qu'ils donnoient leur avis ou opinoient comme s'ils étoient dans la République de Platon, & non parmi la populace abjecte & baſſe de Romulus.

culations politiques, en perdant celle d'homme de bien, de laquelle feule je veux faire capital, & me vanter tout le refte de ma vie.

RE'FLEXIONS

Sur le premier Chapitre.

(1) Objections que l'on peut faire contre ce difcours &c.

CE Chapitre fe pourroit fort bien paffer d'explication , parce que M. Naudé fe défend avec beaucoup de rigueur ; mais il ne fçauroit pas nuire d'éplucher un peu ce qui touche la perfonne du Cardinal Bagni , ni même de cenfurer les raifons de notre Auteur. Je dis donc , que trouvant de fi grandes difficultés qu'il dit , en ce qu'il veut écrire , il pouvoit , fans danger , en laiffer le foin à un autre. Puifque perfonne ne le contraignoit de parler , & puifqu'il ne parloit , & n'écrivoit , que pour plaire à un Prélat , lequel , à fon avis , *pouvoit recevoir du blâme de fouffrir, qu'on lui dédiât un livre de cette matiere.* Mais puifqu'aucune difficulté ne l'a pû retirer de fon deffein , & que fon courage a furmonté tous les obftacles qui fe font préfentés , je lui veux laiffer le foin de répondre de fa perfonne , pour confidérer

E iv

les raisons qu'il apporte pour sa défense & pour celle du Cardinal.

(2) *Au moins devrois-je craindre de blesser les oreilles de Votre Eminence.* Ce Cardinal étoit avancé en âge, quand ce livre lui fut dédié. Et si ce que l'Auteur en dit, est véritable, il lui en avoit déja souvent battu les oreilles, tellement qu'il a peu, ou point de sujet de craindre de les *lui blesser, d'effaroucher ses yeux, & de troubler la douceur de son naturel, aussi-bien que le repos de sa conscience, par le récit de tant de fourbes, violences, & d'autres actions injustes & tyranniques, qu'il lui faudra expliquer & défendre.* Les discours qu'on a souvent entendus, ne blessent point les oreilles, & les cruautés, qu'on ne voit que sur le papier, n'effarouchent point les yeux, & troublent encore moins le naturel des hommes de cœur, & nés à des choses grandes. L'on peut lire le récit des crimes pour les détester, & bien loin que ce récit diminue l'intégrité de la conscience, il l'augmente, & fait souhaiter que jamais l'on ne voye plus de si exécrables excès.

(3) *Si Enée ne peut commencer le récit des miséres de Troye, sinon par ces paroles ; quanquam animus, &c.* L'on a parlé en nos jours de l'incendie, & des

embrâfemens de Magdebourg, d'Aix, de Londres, & de l'Efcurial ; & ceux qui les ont entendus, ont verfé des larmes de commifération, auffi-bien que ceux qui les racontoient. De forte qu'on peut dire franchement, qu'il faudroit avoir un cœur de roche, pour ne pas compâtir à la mifére de ceux que Dieu vifite en fon couroux. Mais je ne fçai pas fi le récit *des coups d'Etat* produira le même effet, en la perfonne de ceux qui les liront, puifque le fieur Naudé tâche de montrer qu'ils font juftes & néceffaires, & que les Princes en doivent ufer quand le bien de leur Etat le requiert.

(4) *Ne pourriez-vous pas fouhaiter, avec plus de raifon, &c.* Si le Cardinal Bagni peut fouhaiter avec raifon, de n'avoir jamais vû le difcours *des coups d'Etat,* je ne vois pas pourquoi un de fes amis, un de fes ferviteurs, un qui confeffe publiquement de lui avoir des obligations, le lui ofe préfenter, & dire, qu'il ne l'a fait que pour l'amour de lui. Sans mentir, c'eft manquer de prudence ou de refpect & d'amitié, que de dédier à un grand Prélat, à un bienfaiteur, un écrit, qui felon le fentiment de celui qui le dédie, n'eft convenable ni à fon humanité, ni à fa candeur. Si les confidérations politiques

de M. Naudé font de cette nature, il pouvoit les dédier à un autre, ou les fuppri-
mer, & ne pas chercher des excufes fri-
voles & inutiles. Pour moi, je crois que
le récit des cruautés ne nuit à perfonne,
fi ce n'eft à ceux qui les ont ofé commettre. Mais un Ecrivain, qui veut débiter
pour bon ce qui eft mauvais de fa nature,
choque les efprits, & donne fujet à fes
lecteurs de le méprifer.

(5) *Je puis appréhender d'avoir pareille iſſue de ce raiſonnement, qu'eut le Grammairien Phormion, &c.* M. Naudé continuant dans le deffein qu'il a de fe bien
défendre, nous donne plus de fujet de
paffer ailleurs, que de nous arrêter à éplucher curieufement tout ce qu'il dit ici. Je
dis donc feulement, qu'il apporte plufieurs
raifons pour fa défenfe, qui ne l'exemp-
tent pas tout-à-fait de blâme. Car à dire le
vrai, les hommes d'efprit pardonneront
plutôt à Phormion d'avoir difcouru de l'art
militaire devant Annibal, & à un téméraire d'avoir voulu cingler fur les plus hautes
mers fans Bouffole, que de propofer aux
Princes des actions inhumaines à imiter.
J'avoue que les Médecins ne font pas
moins prud'hommes, pour connoître la
force & la compofition de tous les venins ; mais ils mériteroient la corde, s'ils

les préparoient pour faire mourir les hommes, & plus encore s'ils en faisoient part
à ceux qui veulent empoisonner leurs
ennemis. Je sçai que les soldats apprennent à manier la pique, & à tirer le mous-
quet ; mais c'est pour apprendre à mieux
& plus assurément défendre la République, & s'ils en usoient autrement, ils en
seroient châtiés ; de même que les Chirurgiens qui sçavent couper les bras & les
jambes, mériteroient la mort, s'ils les
coupoient au moindre de la République,
contre sa volonté.

(6) *Plusieurs ont signalé leur perte,
pour la trop grande hardiesse de leur entreprise.* L'on peut trop entreprendre en
beaucoup de façons, & si l'on a vû des
témérités glorieuses, l'on en a vû de misérables, aussi-bien parmi les Sçavans,
que parmi les soldats. Les histoires sont
pleines d'actions téméraires, où les entrepreneurs ont perdu la vie, ou l'honneur
& la liberté. Je me contenterai d'une, qui
n'est ni trop ancienne, ni trop moderne,
François Bacon, Chancelier d'Angleterre,
en la vie de Henri VII. assure que Lam-
berd Simnel fils d'un Boulanger, osa dire
qu'il étoit fils de George Duc de Clarence, frere du Roi Edouard IV. Sous ce faux
donner à entendre, il attira la Reine, &

plusieurs Seigneurs Anglois à son parti, se fit couronner à Dublin, & entra en Angleterre avec une grande armée. Il fut pourtant vaincu par le Roi Henri, qui de Duc de Clarence, Plantagenete, & successeur légitime du Royaume, le réduisit au nom de Simnel, & de la dignité de Duc, à l'infamie de marmiton, & puis de fauconnier. Plusieurs autres sont tombés en de plus grandes infortunes; & parce que les exemples sont trop fréquens, je n'en dis pas davantage. Pour les Ecrivains qui ont échoué, l'on en a vû quelques-uns en nos jours. Diégo Savedra, en son Histoire des Rois Goths en Espagne, où il veut prouver que la France appartient aux Espagnols; Cassan au Traité, où il donne presque toute l'Europe à son Roi; Aubery en celui où il a voulu prouver, que l'Empire appartient au Roi Très-Chrétien, & plusieurs autres, n'ont acquis que du mépris par leur travail. Il vaut donc mieux ne voler pas si haut. Et si M. Naudé craint que son dessein ne doive point réussir, il a raison, parce que la matiere dont il écrit, est une des plus relevées, où la plume d'un particulier puisse monter. Et à dire le vrai, je n'entreprens ces réfléxions, sinon pour l'expliquer à ceux qui l'entendroient difficilement sans cette explication.

(7) *Il ne faut point appréhender que cette doctrine heurte tant foit peu votre piété.* L'on voit peu de perfonnes âgées de foixante ans, qui fe laiffent pervertir par la lecture des livres; & pour cela je ne crois pas que le Cardinal Bagni, qui avoit beaucoup de fçavoir, de piété & d'expérience, pût empirer en lifant les confidérations fur *les coups d'Etat.* Mais ce livre ayant été donné au public, fans doute, plufieurs le lifent, qui ne l'entendent pas, & plufieurs autres l'entendent autrement que l'Auteur. Pour moi, j'eftime que tous ceux qui en entreprennent la lecture, fe doivent bien perfuader, que les plus illuftres coups d'Etat font dangereux, que ceux qui les ordonnent, & ceux qui les exécutent, peuvent lézer leur confcience, & qu'on n'en doit venir-là, finon à l'extrêmité, & lorfqu'il eft impoffible de les éviter. Si l'on fait autrement, ce livre ne choquera point la piété du Cardinal Bagni, parce qu'il poffféde les qualités requifes à cette lecture; mais il choquera celle de ceux qui le liront après lui faute des précautions qu'ils doivent avoir.

(8) *Pour faire droit en gros, il eft permis de faire tort en détail.* Cette régle eft prefque toujours véritable. Mais on évite

cette façon de procéder autant qu'il eſt poſſible. Pour exemple, quand l'ennemi eſt le plus fort, & qu'il ne peut être arrê-té, ſinon en ruinant les moulins & les fours, en brûlant les grains, le foin & la paille, même en abattant les maiſons ; il eſt juſte que le particulier patiſſe pour la conſervation du général. L'on a vû ſouvent un tel ménage, mais jamais plus évidemment, que quand l'Empereur Charles V. conduiſit en perſonne ſon armée en Provence. Alors les habitans témoignerent tant de zéle & d'amour pour leur patrie, que les poſſeſſeurs des biens étoient les premiers à y mettre le feu, de peur que l'ennemi ne les convertit à ſon uſage, & rendit par ce moyen la guerre plus difficile & de plus longue durée. Mais le public doit avoir égard à ces pertes, & le Prince dédommage, autant qu'il peut, celui qui a été ruiné en ſon particulier, pour empêcher la ruine de la République.

(9) *Les Hérétiques trouvent le fondement de leur impiété, &c.* Ce que M. Naudé dit ici des Hérétiques, des Paracelſiſtes, & des Avocats, n'eſt pas fort à propos. Les premiers ſont blâmés de détorquer le ſens de l'Ecriture, & d'y vouloir chercher le fondement de leurs impiétés. Les ſeconds ſont mal reçus des Galeniſtes, lorſqu'ils

abufent du texte d'Hippocrate ; & les troi-
fiémes paffent pour chicaneurs, quand ils
veulent couvrir leur malice, fous le manteau facré des Loix. Tellement que fi *les
coups d'Etat* font femblables aux héréfies,
aux remedes chimiques mal préparés, & à la
chicane, qui fous les apparences de juftice, tâche de ravir aux hommes de bien
ce qui leur appartient, il eft jufte qu'on
n'en parle jamais. Et fi le fieur Naudé entend comparer les écrits des coups d'Etat,
aux Livres du vieux & du nouveau Tef-
tament, on lui répondra que la différence eft fi manifefte, qu'elle n'a pas befoin
de défenfe. Et s'il les compare aux Ecrits
d'Hippocrate, de Galien & d'Avicenne,
ou au Code & aux Digeftes, on lui
pourra faire connoître, que fi ces Livres
n'étoient pas plus néceffaires au maintien
de la République, que ceux qui traitent
des *coups d'Etat*, on les auroit déja fup-
primés, pour arrêter le cours des abus.

(10) *Ariftote & Saint Thomas donnent
auffi-bien des préceptes des Gouvernemens
vicieux que des légitimes.* M. Naudé ayant
comparé la doctrine des coups d'Etat, aux
abus qui fe commettent par les Hérétiques,
par les Chimiftes & par les Chicaneurs,
il paffe plus outre, & les compare aux
formes irrégulieres du gouvernement des

Etats. Mais il y a beaucoup de différence entre ces chofes, parce que Saint Thomas & Ariftote enfeignent les formes irrégulieres, fçavoir eft de la Tyrannie, & de l'Ochlocratie, afin que les hommes connoiffent la différence qu'il y a du légitime Gouvernement au tyrannique, pour conferver le premier & éviter le fecond. Mais aux coups d'Etat, le peuple ne peut rien apprendre, finon qu'ils ont été exécutés ; car le deffein de les mettre en pratique, fe tient fi fecret & fi caché, que les plus prudens n'y voyent goute, & perfonne ne les peut éviter. D'où l'on peut juger, qu'il y a une grande inégalité entre ces matieres, & qu'encore qu'il foit permis de donner des préceptes, pour régler les formes irrégulieres du gouvernement, l'on n'en peut point donner, pour éviter les coups d'Etat. Si ce n'eft en enfeignant aux grands & aux petits de faire fi bien leur devoir, que jamais le Souverain n'ait fujet de pratiquer ces actions extraordinaires.

(11) *Voilà certes des préceptes bien étranges en la bouche d'un Saint.* Tous les enfeignemens que Saint Thomas donne ici pour l'établiffement de la Tyrannie, font des véritables coups d'Etat. Et je ne fçai pas fi cette doctrine peut auffi-

bien

bien inftruire le peuple à éviter ce malheur, que le Tyran à l'établir. Mais puifqu'un Saint nous a laiffé ces préceptes par écrit, je n'ai pas affez de cœur pour m'y oppofer. Je fouhaite feulement qu'il n'y ait jamais aucun Souverain fi débordé ; & qu'il plaife à Dieu de donner à la Chrétienté des Princes qui régnent tellement en terre, qu'ils puiffent auffi régner dans le Ciel.

(12) *Il ne faut pas craindre que le narré de ces accidens puiffe offenfer les oreilles de Votre Eminence.* Nous avons déja dit, que le Cardinal Bagni avoit peu à craindre du narré, & de la lecture des coups d'Etat ; mais peut-être n'en fera-t-il pas de même de tous les autres Princes & Prélats. Il fe pourra faire, que quelque jeune Potentat, attiré par l'exemple de ces coups fanguinaires & cruels, fera pis que pas un de fes prédéceffeurs, & exercera des actions tyranniques, fans les précautions que M. Naudé prefcrit en ce Traité. Les hommes font de leur naturel plus enclins au mal qu'au bien, & pour cela, il me femble que les Ecrivains fe peuvent bien paffer de les attirer aux mauvaifes actions, par l'exemple des perfonnes illuftres.

(13) *Encore que la juftice, & la clé-*

mence soyent sortables à un grand homme, il n'est pas à propos qu'il soit enclin à la miséricorde. Je n'ose pas rejetter
tout-à-fait ce que M. Naudé dit ici de la
miséricorde, parce qu'il a pour garant, Sé-
néque, qui a été le plus sage des Romains. Mais ni l'autorité de l'un ni de
l'autre, ne sçauroient m'empêcher de leur
dire, qu'il y doit avoir quelque différence entre nous & les anciens Romains. Le
Sauveur du monde ordonne aux Chrétiens d'être aussi miséricordieux, que son
Pere céleste. Et à mon avis, s'il faut être
infléxible, c'est en la punition des crimes
énormes, & lorsque l'exemple est d'une
dangéreuse conséquence. Aussi ne suis-je
point de son avis, en ce qu'il dit, que ce
seroit un crime de penser qu'il y eut en
l'Eminence du Cardinal Bagni, rien de
vil, de rempant & d'abject. Car s'il entend par cette vilité & abjection, la miséricorde, comme il y a de l'apparence,
puisqu'en cet endroit il ne parle d'aucune autre chose ; j'ose lui dire, que la miséricorde sied mieux à un Prince Ecclésiastique, que la rigueur, & que le Pape
même fera toujours mieux d'imiter celui
de qui il se dit le Vicaire, que ceux qui
ont régné tyranniquement dans la ville,
où il a le siége de son Empire. Car la pour-

pre peut avoir été donnée aux Cardinaux,
pour leur apprendre qu'ils doivent exercer la charité. Et si cette couleur signifie
le sang, c'est plûtôt qu'ils doivent répandre le leur, pour l'avancement de la
Religion & pour la conservation de la
foi, que celui des peuples, pour l'accroisse-
ment de leur bien & de leur autorité
par des coups d'Etat.

(14) *Un esprit fort se doit rencontrer
en Votre Eminence, pour accompagner
la dignité qu'elle soutient, &c.* Les grands
esprits seuls sont capables de grandes affaires ; & en nos jours la Cour Romaine se
mêle de tout ce qui avient en la Chrétienté, & même en tout le Monde. J'estime
toutefois, qu'il faut faire quelque dis-
tinction entre les Conseillers du Pape,
& ceux des autres Princes. La charité est
plus nécessaire en ceux-là, qu'une vigueur
extraordinaire de corps & d'esprit. Le Pape prétend être le pere commun des
Chrétiens, & ses Conseillers lui doivent
persuader, que si les peuples lui doivent
du respect, il leur doit de l'amour ; &
que le peuple étant plein de révérence
pour Sa Sainteté, il ne tiendra qu'a elle
de les gouverner sans violence : & si l'a-
mour d'entre le Pape, qui est comme le
pere, & les Chrétiens, qui en sont com-

me les enfans, eft réciproque, peu de force d'efprit fuffira pour conferver leur union.

(15) *Notre tems nous fournit les exemples d'un Roi de la Grande Bretagne, & de Henri I I I. tant chanté, &c.* Jacques VI. Roi d'Ecoffe, fut un Prince plus enclin aux lettres qu'aux armes. Mais Taffoni a tort de dire, qu'il a été méprifé pour avoir fait des Livres. Tous ceux qui ont vû, & qui voyent encore le don royale, qu'il fit pour l'inftruction de fon fils l'ont eftimé, & l'eftiment digne d'un tel Auteur. Et fans mentir, perfonne ne peut blâmer un Roi qui enfeigne à fes enfans le moyen de bien régner, puifque perfonne ne peut fi bien enfeigner cette fcience royale que les Têtes couronnées. Auffi Pierre Matthieu loue-t-il le fçavoir de ce Roi avec autant de raifon que d'éloquence : pour moi je regarde Sa Majefté comme un Prince, qui pour acquerir une Couronne plus digne de fa tête, que celle qu'il portoit, diffimula adroitement fa paffion, lorfque la Reine Elifabeth fa parente, fit trancher la tête à Marie Stuart fa mere. Je fçai bien que quelques grands Princes l'ont pris ci-devant pour l'objet de leur raillerie, & pour le fujet de leur divertiffement. Mais il régna plus heureufement que ceux qui le railloient, & eut l'hon-

nèur de voir fon amitié recherchée avec
empreffement des deux plus grands, plus fages & plus heureux Monarques de la Chrétienté. Pour ce qui regarde Henri III. Roi de
France & de Pologne, tout le monde fçait
qu'il avoit gagné des batailles, avant que les
autres Princes de fon âge fuffent fortis de l'A-
cadémie. Mais les honneurs ayant changé
fes mœurs, il fe plongea dans la volupté,
& couvrant fa trop grande négligence du
manteau facré de dévotion, il périt miférablement, auffi-bien par le malheur du
tems, que par fa propre faute : & s'il faut
dire la vérité, le Souverain, qui paroît
plus fouvent dans les claffes que dans les
armées, & celui qui fe fait voir plus fouvent en la compagnie des Moines, qu'à
la tête des Bataillons, fe rend méprifable,
& en eft méprifé, principalement quand
il régne fur des peuples belliqueux, comme les François & les Anglois. De forte
que je ne puis condamner tout-à-fait, ni
excufer opiniâtrement, les actions des ces
deuxRois, qui ont eu des vertus admirables,
& ne les ont pas toujours exercées, par
l'inclination que l'un avoit à careffer les
Mufes, & l'autre à une dévotion, qui auroit été plus féante à un Moine, qu'à un
grand Roi.

(16) *Un des meilleurs avis, que M.*

de Villeroi ait donné à Henri le Grand, fût de lui dire, qu'il devoit être jaloux des refpects de Sa Majefté. Tous les Princes doivent avoir foin de fe garantir du mépris ; mais ils ne peuvent pas tous procéder par la même voye. Les Efpagnols mépriferoient leur Roi, s'il fe laiffoit voir à toute heure, & à toute forte de perfonnes. Les François, au contraire, veulent voir leur Roi ; & celui qui fe voudroit cacher aux Seigneur de la Cour, ne feroit point du tout eftimé. De forte que, cómme les Grands ont divers moyens de fe faire aimer, auffi en ont-ils plufieurs de fe mettre en confidération. Trop d'affabilité peut auffi bien nuire, que trop de févérité. Et fans doute, le grand Henri de Bourbon étoit le plus affable, le plus benin & le plus clément, auffi bien que le plus généreux Prince de fon tems : je ne fçai pourtant pas s'il avoit befoin qu'un de fes Miniftres l'avertit de ce qu'il devoit faire, au particulier de conferver le refpect dû à Sa Majefté. Ceux qui ont écrit les plus mémorables actions de fa vie, nous ont appris, qu'il fçavoit fort bien tenir tout le monde dans le refpect ; & que le plus familier de fes ferviteurs fe gardoit comme du feu, de s'émanciper tant foit peu. Enfin fon expérience lui avoit en-

ſeigné, que trop de ſévérité auroit pû
nuire à ſes affaires, & qu'une douceur
mêlée de gravité, lui conſervoit ſes amis,
& retenoit ſes ſerviteurs dans leur devoir

(17) *Maſſon, dit de Céleſtin V. vir
fuit ſimplex, &c. & Paul Jove d'A-
drian, &c.* La piété doit être la principale étude des Papes, & la conſervation
du culte divin, leur unique ſouci. Et ſi
Maſſon a blâmé Céleſtin V. de ce qu'il ne
pouvoit pas comprendre les affaires humaines ; & Jove Adrian VI. de ce qu'il
avoit l'eſprit hébêté, & de ce qu'il mangeoit volontiers une ſorte de poiſſon,
qu'on appelle Merlus en quelques provinces de France, & Molue parée en
quelques autres. L'on voit d'autres Ecrivains, auſſi dignes de foi que Maſſon &
Jove, qui blâment Gregoire VII. Urbain II.
Boniface VIII. & pluſieurs autres Papes,
pour avoir pris à cœur, & pour avoir trop
bien entendu les affaires du monde, &
trop ardemment déſiré le bien d'autrui,
pour avoir voulu aſſujettir les Princes à
leur empire, & pour avoir uſé de viandes trop exquiſes en leur ordinaire.

(18.) *Il faut éviter les grandes Charges, ou les adminiſtrer avec force d'eſprit.*
Je ne doute point, qu'il ne faille avoir
un eſprit extraordinaire, pour bien réuſſir

aux Charges de grande importance. Mais fans doute, il faut ufer de diftinction, & adminiftrer autrement la dignité de Pape, que celle de Roi : c'eft auffi-bien un vice en un Prélat, de ne parler que de fiéges, & d'affauts, qu'en un foldat de difcourir fans ceffe de mortifications, de jeûnes & d'autres exercices de piété. Il eft certain que les fages font les ouvriers de leur fortune, & les imprudens le font de leur malheur ; mais il eft vrai auffi, que l'on s'avance aux dignités, par des moyens différens. Les Romains qui afpirent à la pourpre, s'adonnent aux Lettres, & ceux qui veulent faire leur fortune à la guerre, apprennent à manier les armes. L'on a vû des Moines parvenir au Papat, auffi-bien que des Paftres à la royauté. Mais ils n'ont pas tenu le même chemin ; & l'efprit fort, que M. Naudé donne au Cardinal Bagni, ne l'a pas élevé à fa dignité ; il eft vrai, qu'il faut être conftant, circonfpect & judicieux pour obtenir un Chapeau rouge ; mais l'on verroit peu de Cardinaux, fi pour monter à cette premiere dignité de l'Eglife, il falloit envifager tous les coups d'Etat fans horreur, & les Confeiller aux Potentats fans timidité. Le feul moyen que je fçai de parvenir au Cardinalat, c'eft de fe montrer

zélé

zélé Catholique, & infatigable défenfeur des droits de Rome.

(19) *Alexandre fe propofe-t-il, quoique jeune, & mal fourni d'argent & de foldats, de fubjuguer les Perfes, &c.* Ce jeune Conquérant, qui donna à fes amis & ferviteurs, tout ce qu'il leur pouvoit donner, fans détruire la majefté de fon Etat, n'étoit pas fi dépourvû d'argent & de foldats, que M. Naudé nous veut perfuader. Il avoit trente mille piétons, & trois mille fix cens chevaux, les plus leftes, & les mieux aguerris qui fuffent alors en Europe, qui avoient vieilli dans les victoires, & que l'expérience avoit rendus indomptables & invaincus. Je trouve auffi qu'il avoit cinq mille talens d'or, & trois mille talens d'argent, qui valoient environ quatre millions & huit cens mille écus. Ce qui n'étoit pas une petite fomme entre les mains d'un bon ménager, & d'un Prince qui conduifoit fon armée en un pays abondant en toute forte de biens. Outre ce que je viens de dire, la prévoyance d'Alexandre eft remarquable, en ce qu'il laiffa Antipater avec douze mille hommes à la garde de la Macedoine, avec ordre de faire inceffamment des levées, pour envoyer de nouveaux foldats à la place de ceux qui mourroient de coups,

Tome I. G

ou de maladie. De forte que ce grand Prince commença fa conquête avec une armée
très-confidérable. Charles VIII. Roi de France entreprit le voyage de Naples avec beaucoup moins d'argent & de circonfpection.
J'ai vû en nos jours deux ou trois Héros,
qui auroient attaqué le Turc avec efpérance de ruiner fon Empire, fi on leur eut
donné & entretenu une armée, égale en
nombre & en vertu, à celle du Conquérant de l'Afie. Et fans doute, le Turc eft
plus puiffant aujourd'hui, que Darius ne
l'étoit au tems d'Alexandre, parce qu'il
n'étoit pas fi bien établi, & parce que fes
hommes étoient plus lâches que les Janif-
faires & les Spahis de Turquie.

(20) *Mahomet fe veut-il faire de Marchand Prophéte, & de Prophéte Souverain d'une partie du monde, il lui réuffit.*
Notre Auteur ayant dit que Céfar trouva le moyen de commander feul en une
République, qui commandoit à toutes les
autres. Et que Romulus & Tamerlan fon-
derent deux puiffans Empires, nous dit,
que Mahomet fe rendit maître d'une partie
du monde. Tout cela eft vrai ; mais outre la force d'efprit qu'il leur attribue,
ils eurent tous befoin d'une fortune extraordinaire. Céfar ayant eu le bonheur de
foumettre les Gaulois à la République
Romaine, ceux-ci lui donnerent le moyen

d'aſſujétir ſa patrie. Et avec tout cela , il ne l'auroit pas rangée ſous le joug , ſi elle n'eut été malade à la mort , par les factions du Triumvirat. Romule ſe fit Roi, parce qu'il étoit du Sang royal , parce qu'Amulius étoit Tyran , & parce qu'on crût qu'il avoit en lui quelque divinité. Pour Tamerlan ou Tamuyrlang , (c'eſt-à-dire Tamuyr le boiteux) il eſt vrai que quelques écrivains diſent , qu'il avoit été Paſtre , puis Voleur , & qu'étant devenu Chef d'armée , il eut le moyen de ſe faire Roi de Perſe. D'autres diſent avec plus de vraiſemblance , qu'il étoit du Sang royal des Tartares , qu'il deſcendoit en droite ligne maſculine de Chinguiskan , qu'il fut très-vaillant Prince , & qu'ayant été grand Viſir de Soyergat Roi de Chagatai, qui mourut l'an 1370. fut mis en ſa place , après la mort de ſon maître , du conſentement univerſel de toute l'armée. Tamerlan étant Roi , fit des merveilles contre pluſieurs Tyrans, & particulierement contre Bajazet, Sultan de Turquie, lequel il prit en bataille , & le mit dans une cage de fer , où il mourut demi enragé. Nous aurons occaſion de parler ailleurs de Mahomet, de ſa ſecte , de ſes ſucceſſeurs , & de leurs victoires preſque incroyables.

(21) *L'homme doit conſidérer ce monde*

comme un Théâtre , où les un jouent des Comédies , & les autres des Tragédies. Celui qui diroit que le monde est un Hôpital de fols , ne parleroit peut-être pas plus mal-à-propos , que celui qui le nomme un Théâtre , où les hommes jouent une infinité de Comédies & de Tragédies. Il y a peu de personnes qui n'y représentent ce qu'ils ne sont pas, tel paroît sage aux yeux du vulgaire, qui est fou, & souvent celui qui semble être fou , est plus sage que les autres. Enfin chacun joue son personnage , étant permis à tous les particuliers d'entrer en jeu , quand ils en ont la volonté. Il faut pourtant que les personnes prudentes interviennent aux affaires convenables à leur condition , & qui les peuvent avancer au but qu'ils se sont proposés. Un Ecclésiastique pourroit se mêler en des affaires qui l'excluroient du Cardinalat, comme le Pere Joseph, pour qui l'on ne pût point obtenir le Chapeau , parce que ses emplois avoient choqué le Pape ; & en d'autres qui lui fermeroient la porte , non-seulement du Papat , mais aussi de la Prélature. Les Canons défendent aux Prêtres de répandre du sang , & par conséquent de donner des Arrêts sanguinaires. C'est pour ce sujet que les Inquisiteurs d'Espagne , ayant convaincu

d'héréfie un prifonnier, le mettent entre
les mains de la juftice féculiere. De forte
que les coups d'Etat ne font pas tous propres à l'avancement des perfonnes qui
afpirent à la pourpre. Et par conféquent,
Bagni pouvoit blâmer celui qui lui vouloit perfuader que ces actions en général
ne lui faifoient point de tort, & qu'un
Prélat de fon courage, s'en pouvoit mêler
fans peur d'encourir du blâme.

(22) *L'âge auquel je me treuve n'eft
aucunement difproportionné à la matiere
que je traite.* M. Naudé ayant voulu montrer, que fon procédé ne fait point de
tort à la perfonne du Cardinal Bagni, il
tâche de le juftifier par la confidération
de la fienne, & de l'âge où il fe trouvoit,
lorfqu'il compofa cet ouvrage. Pour ce qui
regarde fon âge & fa condition, il me
femble qu'on ne lui peut point imputer d'a-
voir commencé trop tôt à écrire des chofes
d'importance. Car il avoit pour le moins
trente ans, & en cet âge, l'on n'eft plus
enfant. Pour fa condition, il eft vrai qu'il
n'avoit pas alors l'entrée de la Cour, ni
la pratique des perfonnes, qui deman-
dent, ni qui donnent confeil fur les coups
d'Etat. Mais il avoit de l'étude, & fon livre montre, qu'il avoit beaucoup lû, &
qu'il ne manquoit pas de jugement. D'ail-

leurs, les hardies conceptions font plûtôt les fruits d'une verte jeuneffe, que ceux d'un âge bien avancé, & qui tire fur la vieilleffe. Mais cette difficulté demeure toujours, fçavoir, s'il eft expédient qu'on publie des chofes qui devroient être en-fevelies dans le tombeau de l'oubli ?

(23) *Beaucoup de perfonnes ont exé-cuté de belles entreprifes, avant la fleur de leur âge.* Ici je veux avouer qu'il doit être permis à un homme du fçavoir, de l'âge, & du talent de M. Naudé, de faire des livres, & même de s'éloigner de la route ordinaire de ceux qui rempliffent du papier, de ce qui a été dit mille fois auparavant. Mais toutes ces raifons n'ont pas encore pû obtenir de moi, que je fouf-crive à fon opinion. *Les coups d'Etat* ont répandu tant de fang, que les efprits les plus barbares en ont horreur ; & je ne me fçaurois point perfuader qu'il foit permis de les approuver, & moins encore de les louer, parce que cette approbation & cette louange, donnent ou le defir ou l'af-fûrance de les imiter, à ceux qui ont tant foit peu d'inclination à la cruauté. Et fi ce livre a le cours que la réputation de l'Auteur mérite, il eft à craindre que les coups d'Etat ne deviennent plus fréquents, que les actions ordinaires de la juftice.

(24) *Seneque m'a plus fervi qu'Arifto-*
te , & Plutarque , que Platon , &c.
Ceux qui ont l'ame un peu plus relevée
que le commun des Sçavans , méprifent
la pédanterie ; & pour n'avoir rien de pé-
dant , ils tâchent de monter fur le Parnaf-
fe , & d'entrer dans le Temple des Sciences , par une voye extraordinaire. Pour
moi je n'ai point de régle à prefcrire fur
ce fujet , & ceux qui fe forment une méthode particuliere , me font auffi chers ,
que ceux qui fuivent le grand chemin.
Mais puifque M. Naudé dit , que Montagne & Charron lui ont plus fervi,au deffein
qu'il avoit de devenir fçavant, que tous les
autres Auteurs ; je ne m'étonne pas qu'il
les ait imités en leur façon d'écrire , quoiqu'elle ne foit pas des mieux reçûës.

(25) *Je ne crois pas que Votre Eminen-*
ce trouve mauvais que j'employe ces pen-
fées pour la divertir. Si un livre de cette
importance n'avoit été compofé que pour
divertir ce Prélat , & les autres Seigneurs
de fa condition , perfonne n'y pourroit
trouver à redire. Il eft raifonnable , que
les grands hommes , de qui les occupa-
tions font continuelles , & qui ont fouvent
des affaires extrêmement fâcheufes à démêler , ayent de quoi fe divertir , & il n'y
a rien qui le faffe plus utilement , que la

lecture des beaux ouvrages, que les efprits
excellens mettent au jour. Il eft toutefois
à craindre que ce Traité n'inftruife plus
qu'il ne divertit, & que la doctrine que
l'on en tire ne ferve plus à dépraver la volonté, qu'à éclairer l'entendement. Car il
ne contient pas une fimple relation de ce
que les Princes prudens ont fait, pour
conferver leur Etat, & pour le relever,
lorfqu'il fembloit abattu ; au contraire il
fait le récit de certaines actions, qui femblent avoir de l'injuftice, & s'efforce de
prouver qu'elles ont été raifonnables.

(26) *Je ne manquerai pas d'occafion
pour faire valoir mon petit talent, dans
la vie contemplative.* J'avoue qu'il n'y a
rien de plus propre à occuper utilement un
efprit, qui s'adonne à la contemplation,
que les plus hardis, & plus fanglans *coups
d'Etat.* Ces actions, qui font par fois exécrables, raviffent les ames dans la confidération du Ciel, & faifant méprifer les
grandeurs de la terre, qui contraignent
par fois les plus faints, & les plus juftes
Princes du monde à commettre des excès, elles font trouver doux tout ce que
la vie contemplative peut avoir de difficile.
Et lorfqu'un pauvre Gentil-homme fonge férieufement à ces chofes, il a fujet de
préférer la vie champêtre, à la grandeur

des Rois, fon obéïffance au plus illuftre commandement, & une cabane au plus fuperbe palais. Il eft néanmoins certain, que ceux qui contemplent *les coups d'Etat de ce biais*, les admirent ; & fans les approuver, ni les condamner, ils les regardent comme des moyens de leur faire aimer davantage les biens du Ciel.

(27) *Refte à voir fi je n'outre-paffe point les bornes de ma capacité.* Si M. Naudé n'eut eu bonne opinion de foi, il n'auroit pas entrepris un ouvrage, à quoi peut-être perfonne n'avoit encore penfé. En mon particulier, je lui ai de l'obligation de ce qu'il a écrit fur cette mariere, parce qu'il m'a donné fujet de confidérer les différens états qui fe rencontrent dans le monde, où les plus grands font parfois les plus malheureux. Oui, les plus éminens perfonnages font contraints, par le devoir de leurs charges, de faire des actions qui déplaifent à plufieurs, & qui tombent fous la cenfure de certains critiques, qui n'approuvent pas ce qu'ils font de meilleur. Sans mentir, les gens de baffe condition, & même, ceux qui vivent du travail de leurs mains font libres de plufieurs maux, qui talonnent les grands. Et il y a des péchés qui femblent affectés aux perfonnes de naiffance. De-là vient que les

gens de bas lieu , qui prennent garde à
eux , ont peu de fujet de porter envie aux
plus éminens Potentats. C'eſt être heureux
que de n'avoir à répondre que de ſes actions , & c'eſt être digne d'envie , que de
n'envier perſonne.

(28) *Quiconque a tant ſoit peu de naturel & d'acquis peut inférer de cinq ou
ſix bons principes toutes ſortes de concluſions.* Il eſt certain que ceux , à qui la
nature a été tout-à-fait marâtre , perdent
leur tems , & leur peine , quand ils s'efforcent d'acquerir les connoiſſances relevées ;
& que ceux qui ont un excellent naturel ,
profitent plus en un an , que les autres en
trois. Mais je ne ſçai pas , ſi un peu de naturel , & d'acquis ſuffit à inférer de cinq
ou ſix bons principes , toutes ſortes de
concluſions. L'eſprit de l'homme n'étant
pas infini , il peut avoir d'excellentes lumieres pour une ſcience , étant tout-à-fait
hébêté pour une autre. Il me ſouvient d'a-
voir lû dans l'examen des eſprits , que le
Médecin Eſpagnol Huart a fait , que l'expérience lui avoit fait connoître , que ceux
qui ſurpaſſoient tous leurs condiſciples
en une faculté , leur cédoient à tous en
une autre. L'on voit des perſonnes con-
ſommées dans la Théologie ſpéculative ,
& de qui les écrits publient leur ſçavoir ,

qui ne peuvent pas faire un argument dans les difputes publiques, & qui dans la prédication paffent pour des ignorans. Enfin, je ne crois pas que l'on puiffe admettre généralement la propofition que le fieur Naudé a faite en cet endroit.

(29) *Les fciences femblent enchaînées, & qui en poffède une, poffède toutes les autres.* Cette régle ne doit pas être univerfellement reçûe. Car encore qu'il y ait des fciences dont la connoiffance eft entiérement néceffaire pour poffèder parfaitement les plus relevées, l'on ne peut pas dire la même chofe des autres. L'on fçait que pour être excellent Médecin, il faut avoir une exacte connoiffance de la philofophie naturelle. Mais il eft très-certain, qu'on peut fçavoir parfaitement la jurifprudence, fans avoir mis le nez dans les écrits de Galien, ni d'Avicenne, & par conféquent, fans fçavoir la Médecine ; l'on pourroit auffi affûrer, qu'on peut être fçavant Théologien, fans connoître les rufes de la politique moderne. Et fi on laiffoit le jugement des *coups d'Etat*, au plus éclairé dans cette fcience, il auroit, fans doute, des fentimens contraires à ceux de M. Naudé.

(30) *Le fiécle où nous fommes femble favorifer ce deffein, &c.* Une grande partie des piéces, qui (felon le fentiment de

M. Naudé) peuvent découvrir les secrets des Monarques, font fujets à caution. Il n'y a que les imprudens qui ajoutent foi, en des matieres de grande importance, aux cabales des factieux, aux libelles diffamatoires, aux pafquins & autres femblables écrits fecrets. L'on en a vû plufieurs en nos jours indignes d'être lûs des honnêtes gens, & à quoi ce feroit un crime de vouloir ajouter foi, & plus encore d'y faire fondement en écrivant des livres qui doivent inftruire la poftérité. De forte que fi l'on fçait ce que les Rois difent en fecret à leurs femmes, ce n'eft pas par le moyen des écrits dont le fieur Naudé fait mention en ce lieu ici. Et s'il n'a pénétré dans les caufes des grands Coups dont il nous entretient, finon par ce moyen, nous avons peu de fujet de le croire, & moins encore de louer fon ouvrage. Je ne vois point auffi pourquoi il ofe dire, qu'il médite fur les fentimens de Caton & de Curius, dont les noms font en grande vénération, s'il puife la doctrine, qu'il débite dans les écrits que je viens de rejetter avec beaucoup de raifon.

(31) *J'ébauche, un autre achevera.* Toutes les fciences font montées par degrés à la perfection où nous les voyons; & fi perfonne n'a écrit en cette matiere,

avant M. Naùdé, il a raiſon de dire qu'il ne fait que l'ébaucher, qu'il ſonne la trompette, & qu'un autre gagnera le prix. Je ne ſçai pourtant pas s'il y a un prix à gagner en cette ſorte d'écrits. Mais à dire vrai, les plus religieuſes perſonnes ne le penſent point. Car ſelon l'opinion même de notre Auteur, pluſieurs *coups d'Etat* panchent à l'injuſtice, & cela no-nobſtant, il ſemble les approuver tous in-différemment.

(32) *Il y a des perſonnes qui ne peu-vent marcher que ſur les chemins tracés, par ceux qui les ont précedés.* Il eſt aiſé d'enchérir par-deſſus les inventions d'au-trui, & difficile d'inventer des choſes qui n'ont jamais été vûës. Et ſi c'eſt un eſclavage de captiver ſon eſprit à imiter les autres, peu d'Ecrivains jouiſſent d'une parfaite liberté. Les uns inventent les choſes, & les autres les embelliſſent. L'art d'imprimer les livres, & d'étonner les hommes par le tonnerre du canon, a paſſé de l'Allemagne aux autres pays de l'Europe. Celui de dreſſer les chevaux eſt venu d'Italie, & tous deux ont reçû ailleurs la perfection que chacun ſçait. Auſſi pouvons-nous dire, que ſi le ſieur Naudé a été le premier qui a approuvé & juſtifié tous les *coups d'Etat*, peut-être ne ſera-t-il point ſuivi

des autres nations, & fi fon livre n'eft arrivé tout d'un coup à fa perfection, il fe pourra faire qu'il n'y arrive jamais.

(33) *Entre tous les points de la politique, je n'en vois point de moins agité, ni plus digne de l'être, que les coups d'Etat.* Il fe peut faire que les politiques n'ayent pas ofé entreprendre d'agiter cette matiere, de peur de fâcher les Souverains, en défapprouvant ce qu'ils ont fait, ou les inviter à faire pis, en l'approuvant. Enfin l'ignorance de ces Coups ne les a pas obligés de fe taire. Les Hiftoriens en ont affez parlé, pour leur en donner une entiere connoiffance. Tellement que s'il n'en ont rien dit, fans doute, quelque fujet important en a été la caufe. Et fi Clapmarius a donné le nom illuftre *d'Arcana Rerum publicarum* à fon livre, bien qu'il n'ait rien digne de ce nom, c'eft qu'il a voulu imiter plufieurs autres, qui donnent des titres magnifiques à leurs ouvrages, encore qu'ils ne contiennent rien de fingulier.

(34) *Je marcherai toujours la bride en main.* Les chofes de grande importance doivent être traitées avec beaucoup de circonfpection; & affûrement la politique n'a rien de fi dangereux, que les difcours qu'on fait fur les actions extraordi-

naires des Souverains. Tous les hommes font des fautes, & les grands, qui font les plus grandes, n'en veulent pas entendre parler, après les avoir faites. Perfonne ne veut inftruire la poftérité, fi ce n'eft par des exemples glorieux. Ceux qui peuvent ternir la réputation de prudent, de jufte, ou de magnanime, qu'ils affectent, leur déplaifent; & fi l'on en veut difcourir, il faut que ce foit après la mort de ceux qui ont commis des erreurs. De forte que les *coups d'Etat*, qui peuvent avoir des explications différentes, ne doivent être traités, finon avec modeftie; & celui qui en parle, doit marcher la bride en main, comme M. Naudé nous promet de vouloir faire.

(35) *Cardan & Campanelle, font paffer pour un précepte d'importance, que pour bien traiter un fujet, il en faut concevoir une parfaite idée.* Ces deux Italiens, qui paffent encore aujourd'hui pour efprits fublimes, ont parfaitement bien raifonné en cette matiere; & M. Naudé raifonne encore mieux à la fin de ce chapitre. Guillaume de Salufte, Seigneur du Bartas, n'auroit pas fi bien décrit un cheval parfait, quoiqu'il excelle par tout où il s'agit de repréfenter les chofes au naturel, s'il n'en eut ufé comme il fit, lorfqu'il

en voulut faire la defcription. Agrippa auroit auffi plus mal réuffi en fon Traité de
la vanité des Sciences, s'il ne fe fût per-
-fuadé qu'elles étoient dignes de blâme. Il
y a des tems & des matieres, où les Ecrivains fe doivent transformer en ce qu'ils
ne font pas. Mais perfonnne ne me niera,
qu'il ne vaille mieux laiffer une relation
imparfaite, que de tâcher de fe métamor-
phofer en Néron, ou en Bufiris. Et ici il
faut que javoue, que fi j'avois entrepris
de blâmer le fieur Naudé, la plume me
tomberoit de la main, ou je l'employerois
pour me dédire, & pour confeffer que
ce qu'il écrit ici me ravit. Ce grand homme dit, que s'il fçavoit que le peu qu'il
dira des coups d'Etat, pût caufer quelque
abus & défordre plus grand que celui
qui eft aujourd'hui en pratique, il jetteroit
la plume, & le papier dans le feu ; & qu'il
préfere la louange d'homme de bien à celle
de fin & rufé, dans les fpéculations politiques. Et en cela, il eft de même humeur
que moi, bien que nous n'ayons pas le même fentiment en plufieurs autres chofes.

CHAPITRE

CHAPITRE II.

(1) *Quels sont proprement les Coups d'Etat, & de combien de sortes.*

Mais pour ne pas demeurer toujours en ces préfaces, & parler enfin du sujet pour lequel elles sont faites, ce grand homme, (2) Juste-Lipse, traitant en ses politiques de la prudence, il la définit en peu de morts, *un choix & triage des choses qui sont à fuir, ou à desirer ;* & après en avoir amplement discouru, comme on la prend d'ordinaire dans les Ecoles, c'est-à-dire pour une vertu morale, qui n'a pour objet que la considération du bien ; il vient ensuite à parler d'une autre prudence, laquelle il appelle mêlée, parce qu'elle n'est pas si pure, si saine & entiere que la précédente : participant un peu des fraudes & des stratagêmes qui s'exercent ordinairement dans les Cours des Princes, & au maniement des plus importantes affaires du Gouvernement. Auſſi s'efforce-t-il de montrer par ſon éloquence, que telle ſorte de prudence doit être eſtimée honnête, & qu'elle peut être pratiquée comme légitime & permiſe. Après quoi il la définit aſſez judicieuſement ; (a) *Argutum conſilium à virtute, aut legibus devium , Regni Regiſque bono ;* & de-là paſſant à ſes eſpeces & différences, il en conſtitue trois principales. La premiere deſquelles , que l'on peut appeller une fraude ou tromperie légere fort petite, & de nulle conſidération , comprend ſous ſoi la défiance & la diſſimulation. La ſeconde, qui retient encore quelque choſes de la vertu, moins toutefois que la pré-

_(a)_ Un conſeil fin & artificieux qui s'écarte un peu des loix & de la vertu pour le bien du Roi & du Royaume.

cédente a pour fes parties , (*a*) *conci-*
liationem & deceptionem , c'eſt-à-dire , le moyen de s'acquérir l'amitié, & le ſervice des uns, & de leurer,
décevoir , & tromper les autres par
fauſſes promeſſes, menſonges , pré-
ſens , & autres biais & moyens ,
s'il faut ainſi dire , de contreban-
de, & plûtôt néceſſaires que permis ou honnêtes. Quant à la derniere , il dit qu'elle s'éloigne totalement de la vertu & des loix , ſe
plongeant bien avant dans la malice , & que les deux baſes & fondemens plus aſſurés ſont la perfidie
& l'injuſtice.

Il me ſemble toutefois, que pour
chercher particulierement la nature de ces ſecrets d'Etat , & enfon-
cer tout d'un coup la pointe de
notre diſcours, juſqu'à ce qui leur
eſt propre & eſſentiel, nous devons conſidérer la prudence comme une vertu morale & politique,

---

(*a*) La conciliation & la déception.

laquelle n'a autre but que de re-
chercher les divers biais, & les
meilleures & plus faciles inventions de traiter & faire réuffir les
affaires que l'homme fe propofe.
D'où il s'enfuit pareillement, que
comme ces affaires & divers
moyens ne peuvent être que de
deux fortes , les uns faciles & ordinaires , les autres extraordinaires , fâcheux & difficiles ; auffi
ne doit-on établir que deux fortes
de prudence : (3) la premiere ordinaire & facile, qui chemine fuivant le train commun, fans excé-
der les loix & coutumes du pays :
la feconde, extraordinaire, plus
rigoureufe, févere & difficile. La
premiere, comprend toutes les parties de prudence , defquelles les
Philofophes ont accoutumé de parler en leurs traités moraux, & outre plus ces trois premieres, mentionnées ci-deffus , & que Jufte-
Lipfe attribue feulement à la prudence mêlée & frauduleufe. Par-

ce que, à dire vrai, si on considé-
re bien leur nature & la néceffité
qu'ont les politiques de s'en fervir, on ne peut à bon droit foup-
çonner qu'elles foient injuftes, vi-
cieufes ou deshonnêtes. Ce que
pour mieux comprendre, *il faut
fçavoir*, comme dit Charron, *que
la juftice, vertu & probité du Souverain chemine un peu autrement que
celle des particuliers,* (4) *elle a fes
allures plus larges & plus libres à caufe de la grande, péfante & dangereufe
charge qu'il porte, c'eft pourquoi il
lui convient marcher d'un pas, qui
peut fembler aux autres détraqué &
déréglé,* mais qui lui eft néceffaire, loyal & légitime ; il lui faut
quelquefois efquiver & gauchir,
mêler la prudence avec la juftice, & comme l'on dit, (a) *cum vul-
pe junctum vulpinarier* : c'eft en quoi
confifte la *pædie* de bien gouver-

___

(a) Renarder, ou ufer de fineffe, avec le
renard, *Lib* 3. *c.* 2.

ner. (5) Les Agens, Nonces, Ambaſſadeurs, Légats ſont envoyés, & pour épier les actions des Princes étrangers, & pour diſſimuler, couvrir & déguiſer celles de leurs Maîtres. Louis XI. le plus ſage & aviſé de nos Rois, tenoit pour maxime principale de ſon Gouvernement, que (a) *qui neſcit diſſimulare neſcit regnare ;* & l'Empereur Tibere, (b) *nullam ex virtutibus ſuis magis quàm diſſimulationem diligebat.* Ne voit-on pas que (6) la plus grande vertu qui régne aujourd'hui en Cour, eſt de ſe défier de tout le monde, (7) & diſſimuler avec un chacun, puiſque les ſimples & ouverts, ne ſont en nulle façon propres à ce métier de gouverner, & trahiſſent bien ſouvent eux & leur Etat. (8) Or non-ſeulement ces

---

(*a*) Qui ne ſçait pas diſſimuler, ne ſçait pas auſſi régner.

(*b*) De toutes les vertus qu'il poſſédoit, il n'y en avoit point qu'il aimât plus que la diſſimulation.

deux parties de fe défier & diſſimuler à propos, qui conſiſtent en l'omiſſion, font néceſſaires aux Princes ; mais il eſt encore fouventefois requis de paſſer outre, & de venir à l'action & commiſſion, comme par exemple de gagner quelque avantage, ou venir à bout de fon deſſein par moyens couverts, équivoques, & fubtilités ; affiner par belles paroles, lettres, ambaſſades ; faiſant & obtenant par fubtils moyens, ce que la difficulté du temps & des affaires empêche de pouvoir autrement obtenir ; (a) *& ſi rectà portum tenere nequeas, idipſum mutatâ velificatione aſſequi.* Il eſt pareillement befoin de faire & dreſſer des pratiques & intelligences fecrettes, attirer finement les cœurs & affections des Officiers, ferviteurs, &

(a) Et ſi on ne peut aller tout droit au port, y arriver en louvoyant & en changeant de cours. *Cicero. lib.* II. *ad Lentul.*

confidens des autres Princes & Seigneurs étrangers, ou de fes propres
fujets; ce que Ciceron appelle au
premier des Offices, (a) *conciliare
fibi animos hominum & ad ufus fuos
adjungere.* A quoi faire doncques
établir une prudence particuliere
& mêlée, de laquelle ces actions
dépendent particulierement, comme fait Jufte-Lipfe, puifqu'elles fe
peuvent rapporter à l'ordinaire,
& que (9) telles rufes font tous lés
jours enfeignées par les politiques,
inférées dans leurs raifonnemens,
perfuadées par les Miniftres, &
pratiquées fans aucun foupçon d'injuftice, comme étant les principales régles & maximes pour bien policer & adminiftrer les Etats &
Empires. Auffi ne méritent-elles
d'être appellées fecrets de Gouvernement, coups d'Etat, & (b) *Arca-*

____

(a) S'acquerir les cœurs des hommes, & les
employer à fon ufage.
(b) Secrets des Empires.

na Imperiorum, comme celles qui pour être comprifes fous cette derniere forte de prudence extraordinaire, qui donne le branle aux affaires plus fâcheufes & difficiles, méritent particulierement & privativement à toutes autres, d'être appellées *Arcana Imperiorum*, puifque c'eft le feul titre que non-feulement moi, mais tous les bons Auteurs, qui ont écrit auparavant moi, leur ont donné.

Et en cela certainement nous pouvons remarquer la faute de beaucoup de politiques, & principalement de Clapmarius, lequel voulant faire un gros livre de *Arcanis Imperiorum*, & les réduire fous quelques préceptes généraux, il dit premierement, que les fecrets d'Etat ne font rien autre chofe, que les divers moyens, raifons & confeils, defquels les Princes fe fervent pour maintenir leur autorité & l'état du public, fans toutefois tranfgreffer le droit commun, ou donner aucun foupçon de fraude & d'injuftice. Ce qu'ayant préfuppofé comme bien établi & véritable, il les divife en deux fortes, & dit que les premiers fe doivent appeller fecrets d'Empire ou de République, lefquels à raifon des trois fortes de gouvernemens il fubdivife encore en fix autres manieres, d'autant, par exemple, que (9) l'Etat Monarchique doit avoir de certains moyens & raifons particulieres, pour fe donner de garde d'être commandé par plufieurs qui le réduiroient en Ariftocratie ; d'autres pour obvier au gouvernement d'une populace, & ne fe changer en Démocratiques: & ainfi ces deux derniers doivent faire en forte de ne point devenir monarchiques, ou de ne point tomber en quelque autre forme de gouvernement, qui leur foit oppofé. Les feconds font ceux qu'il nomme & qualifie du titre de fecret de domination, lefquels ceux qui commandent font obligés de pratiquer pour fe conferver en leur autorité, foit Monarchique, populaire ou Ariftocratique. Ce qu'il confirme par une curieufe énumération de tous ces moyens, fuivant qu'il les a pû remarquer dedans Tite-Live, Salufte, Ammian, & beaucoup d'Auteurs, lefquels femblent demeurer tous d'accord de la fignification de ces mots, de la même façon que Clapmarius s'en eft fervi en tout fon livre. (10) Or cela me feroit aucunement redouter l'indignation de tous ces grands perfonnages, fi je m'émancipois, fans leur avoir demandé permiffion de leur dire, qu'ufurpant ce mot de fecrets d'Etat, felon qu'il a été expofé ci-deffus, ils femblent s'éloigner de fa fignification, & ne pas bien comprendre la nature de la chofe; étant certain que ces dictions Latines, (a) *fecretum & arca-*

(a) Secret & caché.

num, defquelles ils fe fervent pour l'exprimer, ne doivent point être attribuées aux préceptes & maximes d'une fcience, laquelle eft commune, entendue & pratiquée par un chacun : mais feulement à ce que pour quelque raifon ne doit être ni connu, ni divulgué, parce que fuivant que remarque le Poëte Marbodæus.

Non fecreta manent, quorum fit confcia turba. (a)

Auffi apprenons nous des Grammairiens, que ce mot (*b*) *d'arcanum*, peut être dérivé *ab* (*c*) *arce*, foit comme eft d'avis Feftus Pompeius, que les Augures euffent coutume d'y faire un certain facrifice, qu'ils vouloient éloigner de la connoiffance du peuple, ou parce que toutes chofes fecretes & de confé-

---

(*a*) Les chofes qu'oncommunique à plufieursperfonnes, ne demeurent pas fecretes. *Lib. de Gem.*
(*b*) Secret.
(*c*) Forterefſe.

quence font mieux gardées (a) *in arce*, qu'en autre lieu. Ceux qui le tirent (b) *ab arca*, femblent auffi ne fe pas éloigner de la même opinion, & les bons Auteurs ne fe font jamais fervis de ces deux mots qu'en pareille fignification. Virgile,

Longius & volvens fatorum arcana movebo. (c)

& en un autre lieu :

Te colere, arcanos etiam tibi credere fenfus. (d)

Horace,

Secretumque teges & vino tortus & irâ. (e)

Et pour finir par celle de Lucain, n'a-t-il pas dit, en parlant de la

---

(a) Dans une forterefse.
(b) Coffre.
(c) Et je vous raconterai plus au long le fecret des fatalités. *Æneid.* 1.
(d) T'honorer & te confier les plus fecretes penfées & paffions de fon cœur. *Æneid.* 4.
(e) Le vin ni la colére ne te doivent pas faire réveler le fecret qu'on t'aura confié.

I iij

fource du Nil, qui étoit totalement inconnue aux Egyptiens mêmes,

Arcanum natura caput non protulit ulli ,
Nec licuit populis parvum te Nile videre ,
Amovitque finus , & Gentes maluit ortus
Mirari quam noffe tuos. (a)

(11) Je remarquerai toutefois comme en paffant, que l'on peut tirer
un beau parallele entre ce fleuve
du Nil & les fecrets d'Etat. Car
tout ainfi que les peuples plus voifins de fa fource en tiroient mille
commodités, fans avoir aucune
connoiffance de fon origine; ainfi
faut-il que les peuples admirent
les heureux effets de ces coups de
Maître, fans pourtant rien connoître de leurs caufes & divers

---

(a) La nature n'a découvert à perfonne ta
fource, ô Nil, & il n'y a point de peuple qui
ait pû te voir en ton commencement : elle a
éloigné tes replis, & a mieux aimé faire admirer ton origine aux nations, que de la leur faire connoître

reſſorts. Or après avoir montré
que ces Ecrivains ont corrompu
les mots, nous pouvons encore
dire qu'ils ont pareillement dépravé la nature de la choſe, vû
qu'ils nous propoſent des préceptes généraux & des maximes uni-
verſelles, fondées ſur la juſtice &
droit de ſouveraineté, & par con-
ſéquent permiſes & pratiquées tous
les jours, au vû & ſçû de tout le
monde ; leſquels néanmoins ils
eſtiment être des ſecrets d'Etat.
Auſſi ne prenoient-ils pas garde
qu'il (12) y a une grande différence entre ceux-là, & ceux dont
nous voulons parler ; puiſqu'un
chacun eſt fait ſçavant, & rendu
capable des premiers, pour ſi peu
d'étude qu'il veuille faire dans les
Auteurs qui en ont traité ; où au
contraire ceux dont il eſt maintenant queſtion, naiſſent dans les
plus retirés cabinets des Princes,
& ne ſe traitent ni déliberent en
plein Sénat, ou au milieu d'une

Cour de Parlement ; mais entre deux ou trois des plus avisés, & plus confidens Miniſtres qu'ait un Prince. Et (14) en effet, nous voyons qu'Auguſte, lorſqu'il eut deſſein après avoir gagné la bataille Actiaque, & appaiſé les guerres civiles & étrangeres, de quitter le titre d'Empereur, & de rendre la liberté à ſa patrie ; il n'en communiqua pas au Sénat, quoiqu'il l'eût augmenté de ſix cens Sénateurs ; ni à ſon Conſeil particulier, qui étoit compoſé de vingt perſonnes les plus doctes & judicieuſes qu'il avoit pû choiſir ; mais il propoſa & remit toute cette affaire au jugement de ſes deux principaux amis, Miniſtres & confidens, Mécenas & Agrippa, (a) *quibuſcum Imperii arcana communicare ſolebat*, dit Dion. Et ſi nous voulons remonter juſqu'à ce grand hom-

____

(a) Auſquels il avoit accoutumé de communiquer les ſecrets de l'Empire. *Libr.* 53.

me, qui lui avoit réſigné ſa fortune entre les mains, (15) Jules-Céſar, nous trouverons dans Suetone
(a) *in Julio*, qu'il n'avoit que Quintus Pædius, & Cornelius Balbus,
avec leſquels il communiquoit τὰ
μυστικώτατα, c'eſt-à-dire, ce qu'il avoit
de plus ſecret & caché dans l'ame.
Les Lacédemoniens, qui augmenterent beaucoup leur Etat après la
victoire de Liſandre, établirent
bien un Conſeil de trente perſonnes, pour gouverner les affaires
de leur République ; mais non
contens de ce, ils choiſirent douze des plus judicieux & aviſés de
leurs Citoyens, pour être comme
les Oracles, qui devoient par leur
réponſe conclure les coups d'Etat.
(16.) Les Vénitiens font aujourd'hui de même avec leurs ſix Procureurs de Saint Marc ; & il n'y a
aucun Souverain, tant foible ſoit

(*a*) Sur Julius.

il, & de peu de confidération, qui foit fi mal-avifé, que de remettre au jugement du public ce qui à peine demeure affez fecret dans l'oreille d'un Miniftre ou Favori. C'eft ce qui a fait dire à Caffiodore, (a) *Arduum nimis eft Principis meruiffe fecretum* ; & en un autre lieu, où il parle d'un Confeiller fecret de Théodoric, (b) *Tecum pacis certa, tecum belli dubia conferebat, & quod apud fapientes Reges fingulare munus eft, ille follicitus ad omnia, tecum pectoris pandebat arcana.* (17) Eût-il pas fait beau voir que Charles IX. eût délibéré de faire la S. Barthelemi avec tous les Confeillers de fon Parlement, & que Hen-

---

(a) Il eft trop difficile d'avoir mérité d'être introduit dans le fecret du Prince. *Libr.* 8. *Epift.* 10.

(b) Il conféroit avec toi des chofes certaines de la paix & des douteufes de la guerre, & ce qui eft une faveur finguliere d'un Roi fage & prudent, comme il avoit foin de tout, il te réveloit les plus fecrettes penfées de fon cœur. *Libr.* 8. *Epift.* 9.

ri III. eût conclu la mort de Meffieurs de Guife au milieu de fon
Confeil ? Je croi certes qu'ils y
euffent auffi bien réuffi, comme à
vouloir prendre des lievres au fon
du tambour, ou les oifeaux avec
des fonnettes. Et de plus, je demanderois volontiers à ces Meffieurs, fi tant eft qu'ils appellent
les régles communes de régir &
gouverner les Royaumes, (a) *Arcana Imperiorum*, quel nom ils pourront donner à ces fecrets mêlés
d'un peu de févérité, & fujets à la
prudence extraordinaire, defquels
nous venons maintenant de parler.
Car de les appeller, comme fait
Clapmarius après Tacite, (b) *Flagitia Imperiorum*, c'eft plûtôt remarquer ceux qui font faits en confidération d'un bien particulier,
& par quelque Tyran, que beaucoup d'autres qui fe font pour l'in-

____

(a) Les fecrets des Empires.
(b) Actions criminelles des Empires.

térêt public , & avec toute l'équité que l'on peut apporter en (18)
ces grandes entreprifes , qui toutefois ne peuvent jamais être fi bien
circonftanciées , qu'elles ne foient
toujours accompagnées de quelque efpece d'injuftice , & fujettes
par conféquent au blâme & à la
calomnie.

Ces mots étant ainfi expli-
qués , il nous faut paffer à la nature de la chofe qu'ils fignifient : or
pour la bien pénétrer & comprendre , il eft befoin d'en tirer la recherche de plus haut , & montrer
comme (19) en la Monaftique ,
ou gouvernement d'un feul , &
en l'œconomie , ou adminiftration
d'une famille , qui font les deux
pivots de la politique , il y a de
certaines rufes , détours & ftra-
tagêmes , defquels beaucoup fe
font fervis , & fe fervent encore
tous les jours , pour venir à bout
de leurs prétentions. Charron en
fon livre de la Sageffe , Cardan

en ses œuvres intitulées (a) *Proxe-
neta, de utilitate capienda ex adver-
sis & de sapientia* ; Machiavel en
ses discours sur Tite-Live, & en
son Prince, en ont donné amplement les préceptes. Pour moi, ce
me sera assez d'en rapporter quelques exemples ; après avoir toutefois observé, qu'encore que Juste-
Lipse ait dit du dernier, (b) *Ab illo
facile obtinebimus, nec maculonem
Italum tam districtè damnandum (qui
misera qua non manu hodie vapulat),
& esse quandam, ut vir sanctus ait,*
καλὴν καὶ ἐπαινετὴν πανεργίαν, *honestam atque laudabilem calliditatem,* & que
Gaspar Schioppius ait fait un petit
livre en sa défense ; on lui peut

(a) Le Courtier, ou moyenneur du profit
qu'on peut tirer des infortunes & de la sagesse.
Civil. doctr. lib. 4. cap. 13.

(a) Nous obtiendrons facilement de lui, que
ce brouillon d'Italien n'est pas tant à blâmer,
quoique les plus chétifs se mêlent de le condamner aujourd'hui ; & qu'il y a de certaines ruses
louables & honnêtes, comme dit un saint homme. *Basil. in Prov.*

néanmoins fçavoir mauvais gré, de ce que

Floribus Auftrum
Perditus, & liquidis immifit fontibus Apros. (a)

ayant le premier franchi le pas, rompu la glace, & profané, s'il faut ainfi dire par fes écrits, ce dont les plus judicieux fe fervoient comme de moyens très-cachés & puiffans pour faire mieux réuffir leurs entreprifes. Auffi ferois-je confcience d'ajouter quelque chofe à ce qu'il en a dit, fi les fufnommés & beaucoup d'autres politiques ne m'avoient devancé; & donné quant & quant fujet de dire en cette matiere, ce que Juvenal difoit de la Poëfie :

Stulta eft clementia, cum tot ubique
Vatibus occurras, perituræ parcere chartæ. (b)

(a) Il a malheureufement jetté un vent furieux dans les fleurs, & des fangliers dans les fontaines pour en troubler les clairs ruiffeaux. *Virg. Bucol. Ecl.* 2.
(b) C'eft une fotte clémence d'épargner le

Or entre les fecres de la Monaftique, je ne penfe pas qu'il y en ait
de plus rélevés, eu égard à leur
fin, que ceux qui ont été pratiqués par certaines perfonnes, qui
pour fe diftinguer du refte des
hommes, ont voulu établir parmi eux quelque opinion de leur
divinité. Ainfi voyons-nous que
Salmonée avoit fait élever un pont
d'airain, fur lequel faifant rouler
fon caroffe attelé de puiffans chevaux, & dardant d'un côté & d'autres des feux d'artifice, il s'imagi-
noit de bien contrefaire le foudre
& les tonnerres de Jupiter, d'où le
Poëte a pris occafion de dire,

Vidi & crudeles dantem Salmonea pœnas,
Dum flammas Jovis, & fonitus imitatur Olym-
    pi (a)

---

papier périffable, puifque tu te rencontres fi fouvent en tant de lieux parmi les Poëtes. *Satir.* 1.
  (a) J'y vis auffi Salmonée qui fouffroit d'é-
tranges peines pour avoir imité les flammes de
Jupiter Olympien, & pour avoir contrefait le
bruit de fes foudres. *Virg. Æn.* 6.

Pſaphon , qui n'étoit pas moins ambitieux que le précédent , nourriſſoit grande quantité de pies , merles, geais, perroquéts & autres oiſeaux ſemblables , & après leur avoir bien appris à prononcer ces paroles , *Pſaphon eſt Dieu* , il les mettoit en liberté, afin que ceux qui entendoient tant & de ſi extraordinaires témoins de ſa divinité, fuſſent plus facilement portés à la croire. Ainſi Héraclides le Pontique avoit commandé à un de ſes plus affidés ſerviteurs, de cacher ſous ſes vêtemens, après qu'il ſeroit décedé , une grande couleuvre , qu'il nourriſſoit dès long temps auparavant à ce deſſein, afin que cet animal éveillé par le bruit que l'on feroit, portant ſon corps en terre, s'élançât au milieu des pleureurs, & donnât ſujet à la populace de croire, qu'Héraclide avoit été déïfié. Pour Empedocle il y procéda avec plus de courage & de généroſité, comme il étoit bien ſéant à

un

un Philosophe ; car étant affez âgé & comblé de gloire & d'honneur, il fe précipita volontairement dans les foupiraux & volcans du Mont Ætna en Sicile, pour faire croire fon raviffement au Ciel, ne (20) plus ne moins que Romulus établit l'opinion du fien, en fe noyant dans les Marêts des Chevres,

Deus immortalis haberi
Dum cupit Empedocles, ardentem frigidus Ætnam
    Infiluit. [a]

(21) Les Athées, qui trouvent à glofer fur tous les paffages de la Sainte Ecriture, tiennent que celui-ci du Deuteronome, [b] *non cognovit homo fepulchrum ejus ufque in præfentem diem*, fe doit entendre de la même forte, & que Moyfe

---

[a] Empédocle, voulant qu'on le tint pour un Dieu immortel, fe jetta froidement dans les flammes du Mont Ætna. *Horat. de arte Poët.*

[a] L'homme n'a point connu fon fépulchre jufqu'à ce jourd'hui. *cap.* 34.

Tome I.   K

s'enfevelit en quelque précipice ou abîme, pour être puis après élevé dans les cieux par les Ifraëlites ; au lieu qu'ils devroient plutôt croire, & demeurer d'accord avec les Chrétiens, qu'il cacha véritablement fon corps, pour empêcher les Juifs de l'idolâtrer après fa mort, connoiffant fort bien qu'ils étoient portés non moins de leur naturel, que par la hantife qu'ils avoient eu avec les Egyptiens, à adorer tous ceux defquels ils avoient reçû quelque bien, ou de qui ils croyoient que la vertu étoit finguliere & extraodinaire. L'on peut faire encore le même jugement de ce que Diogenes Laërce rapporte de la cuiffe d'or de Pythagore, puifque Plutarque en la vie de Numa, dit ouvertement, que ce fut une feinte & ftratagême de ce Philofophe pour établir auffi bien que les autres l'opinion de fa divinité. Mais ce que fit *Hercules* fut beaucoup plus ingénieux ; car étant fort ver-

ſé en Aſtrologie , témoin les Fables de ſa vie qui lui font porter le
Ciel avec Atlas , (22) il choiſit juſtement l'heure & le temps de l'apparition d'une grande Comete, pour
ſe mettre ſur le bûcher ardent, où il
vouloit finir ſes jours , afin que ce
nouveau feu du Ciel aſſiſtât comme témoin , & fit croire de lui ce
que les Romains par après vouloient perſuader de leurs Empereurs, au moyen de l'aigle qui s'en-
voloit du milieu des flammes, comme pour porter l'ame du défunt
entre les bras de Jupiter. (23) Beaucoup d'autres , qui étoient plus
modeſtes & retenus en leurs deſ-
feins, ſe font contentés de nous
donner à connoître le ſoin que les
Dieux prenoient de leurs perſonnes , par la continuelle aſſiſtance
de quelque Génie, ou particuliere
divinité ; comme firent entre les
Anciens, Socrate, Plotin, Porphy-
re, Brutus, Sylla & Apollonius ,
pour ne rien dire de tous les Lé-

K ij

giflateurs ; & parmi les Modernes
Pic de la Mirandole, Cecco d'Af-
coli, Hermolaus, Savanarole,
Niphus, Poftel, Cardan & Campanelle, qui fe vantent tous d'en
avoir eu & de leur avoir parlé,
fans toutefois qu'on les puiffe accufer d'avoir pratiqué les cérémo-
nies Theurgiques, du livre fauffe-
ment attribué à Virgile (*a*) *de vi-
dendo Genio ;* ou les mentionnées
par Arbatel dans je ne fçai quel fa-
tras de femblables livres que l'on
a grand tort de publier fous le nom
d'Agrippa. Auffi pour moi j'aime-
rois beaucoup mieux établir la vérité de ces hiftoires, fur la mer-
veilleufe force des contractions
d'efprit, fort bien expliquées par
Marfile Ficin & Jordanus Brunus,
defquels auffi Palingenius en trois
ou quatre endroits de fon Zodia-
que ne femble pas fe beaucoup
éloigner. (24) Si nous n'aimions

____

(*a*) Du moyen de voir les Génies.

encore mieux dire que tous ces Messieurs ont joué de l'imposture , & ont voulu imiter les fables de Numa , Zamolxis , & Minos , ou plûtôt celles que les Rabins & Cabalistes (*Reuchlin. libr. de Cabala.*) ont plaisamment forgées sur les Patriarches du vieil Testament , en nous voulant faire croire de bonne foi , qu'Adam avoit été gouverné par son Ange Raziel , Sem par Jophiel , Abraham par Frzadkiel , Isaac par Raphaël , Jacob par Piel , & Moyse par Mittaron ,

> *Sed credat Judæus Appella ,*
> *Non ego* (a)

(25.) Quoique c'en soit , on peut remarquer dans les Historiens , que ces ruses n'ont pas toujours été inutiles , puisque Scipion les ayant judicieusement pratiquées , il s'ac-

------

(a) Mais que le Juif Apella le croye , & non pas moi.

quit la réputation d'un grand homme de bien parmi les Romains, & fut envoyé conquêter les Espagnes, n'ayant encore atteint l'âge de vingt-quatre ans ; mais voyez aussi de quelle façon Tite Live en parle : (*a*) *Fuit Scipio non tantùm veris artibus mirabilis, sed arte quoque quâdam adinventâ in ostentationem compositus, pleraque apud multitudinem, aut per nocturnas visas species, aut veluti divinitùs mente monitâ agens.* Ainsi en ont fait beaucoup de Princes & particuliers, & quand leur esprit n'a pas été capable de ces finesses, & inventions si relevées, ils se font contentés de

---

(*a*) Scipion ne se faisoit pas seulement admirer par les véritables arts & sciences qu'il possédoit, mais aussi par un certain artifice qu'il avoit trouvé & dont il se servoit fort utilement à se faire paroître ; & faisoit plusieurs choses devant le peuple ou par le moyen des visions qu'il disoit avoir eues de nuit, ou comme s'il en avoit été divinement averti & qu'on le lui eut inspiré du Ciel. *Lib.* 6.

donner par quelques autres, le plus de luſtre & de ſplendeur à leurs actions qu'il leur a été poſſible. C'eſt pourquoi, (26) Tacite a dit que Veſpaſien étoit, (*a*) *omnium quæ diceret atque ageret arte quâdam oſtentator*, & Corbulo nous eſt repréſenté dans le même, (*b*) *ſuper experientiam ſapientiamque, etiam ſpecie inanium validus ;* & ce avec grande raiſon, puiſque, comme il dit en un autre endroit, (*c*) *Principibus omnia ad famam dirigenda*, vû que ſuivant la remarque de Cardan, (*d*) *Æſtimatio & opinio rerum humanarum Reginæ ſunt.*

(27) L'on pourroit encore faire

(*a*) Fort artificieux à donner du luſtre à tout ce qu'il faiſoit & à tout ce qu'il diſoit. *Annal. libr. 3.*

(*b*) Conſidérable par la belle apparence dont il ſçavoit colorer même les choſes vaines, outre l'expérience & la ſageſſe qu'il avoit.

(*c*) Les Princes doivent gouverner, & avoir ſoin de tout, pour leur propre renommée.

(*d*) L'eſtime & l'opinion ſont les Reines de toutes les choſes humaines. *Lib. 3. de utilit.*

beaucoup plus de remarques fur ce qui touche le gouvernement particulier des hommes ; mais parce que cette matiere n'eft pas moins triviale, que de peu de conféquence, je m'en remettrai à ce qu'en a dit Cardan au livre cité un peu auparavant ; & pafferai aux fecrets de l'œconomie, ou réglement & adminiftration des familles, entre lefquels (28) je me contenterai de remarquer feulement & pour exemple, quelques-uns de ceux qui ont été pratiqués pour réprimer , & comme parer aux mauvais tours que jouent les femmes à leurs maris ,

Dum avidæ affectant implere voraginis antrum. (a)

A propos de quoi il me fouvient d'en avoir lû un dans les contes facétieux de Bouchet, ou de Chaudiere, qui paffera maintenant pour

---

(a) Quand elles veulent remplir le trou de leur gouffre infatiable.

férieux ,

férieux , comme étant beaucoup plus propre à corriger ces humeurs gaillardes, que celui de la (29) Mule qui fut huit jours fans boire , dont parle Cardan en fon livre (a) *de fapientia.* Certain Médecin, difent-ils, ayant eu avis que fa femme pour quelquefois fe defennuyer,

Intrabat calidum veteri Centone lupanar , (b)

& qu'elle avoit même pris heure au lendemain, pour lui jouer à fauffe compagnie, il ne s'en émût point, & n'en fit aucun femblant, mais fur la minuit, & lorfque fa femme ne fongeoit à rien moins, il fe réveille en furfaut, feignant que les voleurs étoient dedans fa chambre , met la main à fes armes, tire deux ou trois coups de piftolet, crie au meurtre, à l'aide ,

---

(a) De la fageffe.

(b) Elle entroit dans lelieu infâme qui fumoit de l'ardeur des impudiques débauches fur les vieux tapis de diverfes couleurs. *Juvenal.*

Tome I   L

frappe de fon épée fur les tables &
chenets, bref il fait tout ce qu'il
peut pour mettre la terreur & l'é-
pouvante en fa maifon ; le matin
tout étant appaifé, il ne manque
de tâter le poux à fa femme, lequel il feint de trouver grandement altéré & oppreffé à caufe
de la peur qu'elle avoit eue, &
pource il lui fait tirer dix ou douze onces de fang, & cette évacua-
tion ayant amené une petite émo-
tion, il commence de s'épouvan-
ter, comme fi c'eût été quelque
groffe fiévre, fait redoubler fept ou
huit bonnes faignées, par après
vient à la rafer, ventoufer, & pur-
ger magiftralement ; ce qu'il réï-
tera fi fouvent, qu'il la fit demeurer plus de fix mois au lit, fans
avoir été malade, pendant lequel
temps, il eut tout loifir de rompre fes pratiques & connoiffances,
de lui diminuer fon embonpoint
vermeil & attrayant, & fur tout
de tellement refroidir, matter, &

adoucir la ferveur, & les humeurs picquantes & acrimonieuses de son temperament, qu'il assoupit en elle ce feu plus inextinguible, que celui de la pierre Asbestos,

Qui nullâ moritur, nullâque extinguitur arte. (a)

(30). Mais le secret que pratiquerent les peuples de la Chine, pour remédier au même désordre qui s'étoit glissé dans leurs familles, fut beaucoup plus gentil & industrieux. Car ils ordonnerent & établirent pour une des premieres Loix du Royaume, que toute la bonne grace des femmes, ne dépendroit dorénavant que de la petitesse de leurs pieds ; & que celles-là seroient jugées les plus belles, qui les auroient plus petits & mignons : ce qui ne fut pas plutôt publié, que toutes les meres sans regarder à la conséquence, commen-

____

(a) Qu'on ne peut éteindre ni faire mourir par aucun artifice. *Trigault.*

cerent de refferrer, étreffir, & fi
bien envelopper les pieds de leurs
filles, qu'elles ne pouvoient plus
fortir de la maifon ni fe foutenir
droites, que fur les bras de deux
ou trois fervantes. Ainfi cette figu-
re artificielle ayant paffée en con-
formation naturelle, auffi bien que
celle des Macrocephales, dont parle Hippocrate, les Chinois ont
infenfiblement arrêté & fixé le
mercure que leurs femmes avoient
dans les pieds, les faifant reffem-
bler à la tortuë nommée par les
Poëtes,

> *Tardigrada, & domiporta,*
> *Sub pedibus Veneris Cous quam finxit Apelles.* (a)

Ils ont empêché par ce moyen,
qu'elles n'allaffant plus à la pro-
menade des bons hommes, & à
leurs paffe-temps accoutumés: (31)

(*a*) Marchant lentement & portant fa maifon, laquelle Appelles, natif l'Ifle de Coos, a
peinte & placée fous les pieds de Venus.

De même que les Dames Vénitiennes sont forcées de garder la maison plus souvent qu'elles ne voudroient, par l'usage & les incommodités nompareilles de leurs grands patins. Mais l'histoire rapportée par *Mocquet* est bien plus étrange, & sent beaucoup mieux son coup d'Etat; car il dit avoir appatis, & vû mêmement pratiquer entre les Caribes, (32) peuples barbares & farouches, qu'arrivant la mort du mari pour quelque cause que ce soit, la femme est contrainte, sous peine de demeurer infâme, abandonnée, & mocquée de tous ses amis & parens, de se faire aussi mourir, & d'allumer un grand feu au milieu duquel elle se précipite avec autant de pompe & de réjouissance, comme si elle étoit au jour de ses nôces; de quoi ledit Mocquet s'étonnant fort, & en demandant la cause, on lui répondit, que cela avoit été sagement établi, pour remédier à la grande malice & lubricité des femmes de ce pays, qui avoient accoutumé devant la publication de cette loi, d'empoifonner leurs maris, lorfqu'elles en étoient laffes, ou qu'elles avoient envie d'en époufer quelqu'autre plus robufte & gaillard.

Quique fuo meliùs nervum tendebat Ulyffe. **(a)**

Or fi ce remede étoit bien proportionné à la nature de ceux qui l'avoient ordonné ; celui que pratiqua (33) Denys Tyran de Syracufe, pour empêcher les affemblées & banquets qui fe faifoient de nuit, n'étoit pas auffi trop éloigné de la fienne : car fans témoigner qu'elles lui dépluffent, ou montrer qu'il craignit qu'on ne les fit à deffein de confpirer contre fon Etat, il fe contenta d'introduire peu à peu l'impunité pour toutes les voleries,

---

(a) Et qui fût plus vigoureux que fon Ulyffe.

& larcins qui se commettoient de nuit, les tournant plutôt en risée, & donnant la hardiesse par cette tolérance, à tous les mauvais garçons de ladite Ville, de si mal traiter ceux qu'ils rencontroient la nuit par les ruës, que personne ne pouvoit sortir de sa maison après le soleil couché, qu'il ne se mit au hazard d'être dévalisé, ou de perdre la vie par cette sorte de voleurs. Venons maintenant à quelques autres moins sérieux, & par conséquent aussi moins fâcheux & dangereux, en ce qui étoit de leur pratique ; (34) les Républiques de Grece voulant par régle de police faire manger le poisson frais, & à bon marché à leurs sujets, ils n'eurent point recours à quelque tarif particulier, duquel peut-être que les ἰχθυοπώλαι, ou poissonniers (comme nous les appellons) auroient eu raison de se plaindre ; mais en se servant de l'avis que le Poëte comique Alexis dit leur avoir été pro-

posé par Ariftonique, ils défendirent, fous grieve peine, aufdits
Marchands de poiffon de fe pouvoir feoir dans le marché ni en
vendant leurs marchandifes (a) *ut
ii ftandi tædio laffitudineque confecti,
quàm recentiffimos venderent.* Ainfi
les Romains défendoient aux Prêtres de Jupiter de jamais monter à
cheval, (35) *ne*, comme dit Feftus Pompeius, (b) *fi longiùs urbe
difcederent, facra negligerentur ;* &
pour moi, j'ofe dire, que fi l'on
vouloit (36) remédier à la grande
confufion qu'apporte le nombre
exceffif des caroffes dans la ville
de Paris, il ne faudroit que confifquer ceux que l'on trouveroit par
les ruës avec moins de cinq perfonnes dedans, puifqu'au moyen
de cette ordonnance, ceux qui y

(a) Afin que laffés & ennuyés de fe tenir de
bout, ils les vendiffent tout frais.

(b) De peur qu'ils ne s'éloignaffent par trop
de la ville, & qu'ainfi le fervice divin fut négligé ou difcontinué.

vont tous les jours feuls , pren-
droient la houffe , & les autres
qui ne pourroient augmenter leur
famille de trois ou quatre perfonnes , fe réfoudroient facilement
de la diminuer de trois ou quatre
bouches inutiles , telles que feroient pour lors celles d'un cocher
& de deux chevaux.

(37) Il feroit facile d'augmenter le nombre de femblables exemples & fecrets d'œconomie ; fi les
précédens ne pouvoient facilement
nous faire juger des autres , &
nous tracer le chemin (38) pour
paffer de ce fecond dégré au troi-
fiéme, qui eft celui de la politique
& du gouvernement des peuples,
fous l'adminiftration d'un feul , ou
de plufieurs. Or eft-il qu'en ce qui
regarde celui-ci, pour ne rien laiffer à dire de tout ce qui peut fervir
à fon éclairciffement , nous pouvons remarquer trois chofes , c'eft
à fçavoir la fcience générale de l'é-
tabliffement & confervation des

états & empires pour la premiere ; laquelle fcience ne comprend pas feulement la traditive de Platon & d'Ariftote, mais encore tout ce que Ciceron en fon livre des loix, Xénophon en fon Prince , Plutarque en fes préceptes, Ifocrate , Synefius , & les autres Auteurs ont jugé devoir être entendu & pratiqué par ceux qui gouvernent : (39) Auffi eft-il vrai qu'elle confifte en certaines régles approuvées & reçûës univerfellement d'un chacun, comme par exemple que les chofes n'arrivent pas fortuitement ni néceffairement, qu'il y a un Dieu premier auteur de toutes chofes, qui en a le foin , & qui a établi la récompenfe du Paradis pour les bons, & les peines des enfers pour les méchans : (40) Que les uns doivent commander, & les autres obéir : qu'il eft du devoir d'un homme de bien de défendre l'honneur de fon Dieu, de fon Roi, (41) & de fa patrie envers tous & contre tous : (42) Que la principale force du Prince gît en l'amour & union de ses sujets : (43) Qu'il a droit de faire des levées d'argent sur eux, pour subvenir aux nécessités de la guerre, & de l'état de sa maison : & ainsi des autres que Marnix, Ammirato, Paruta, Remigio Fiorentino, Zinaro, Malvezzi & Botero ont fort bien expliquées dans leur discours & raisonnemens politiques.

(44) La seconde est proprement ce que les François appellent, maximes d'état, & les Italiens, (a) *Ragione di stato*, quoique Botero ait compris sous ce terme toutes les trois différences que nous voulons établir, disant, que la (b) *Ragione di stato, e notitia di mezzi atti à fundare, conservare, e ampliare un*

(a) Raison d'Etat.
(b) Raison d'Etat est la connoissance ou science des moyens propres à poser les fondemens d'une Seigneurie, à la conserver & à l'agrandir.

Dominio., en quoi il n'a pas fi bien
rencontré à mon jugement, que
ceux qui la définiffent, (*a*) *exceffum
juris communis propter bonum commune*, d'autant que cette dernieré
définition étant plus fpéciale, particuliere & déterminée, l'on peut
au moyen d'icelle, diftinguer, entre ces premieres régles de la fon-
dation des Empires, lefquelles font
établies fur les loix & conformes à
la raifon ; & ces fecondes que Clapmarius appelle mal-à-propos, (*b*)
Arcana Imperiorum, & nous avec
plus de raifon, (45) Maximes d'E-
tat ; puifqu'elles ne peuvent être légitimes par le droit des Gens, civil
ou naturel, mais feulement par la
confidération du bien & de l'utilité
publique, qui paffe affez fouvent
pardeffus celles du particulier. Ainfi voyons - nous que l'Empereur
Claudius ne pouvant par les loix de

(*a*) Excès du droit commun à caufe du bien
public.

(*b*) Secrets des Empires.

fa patrie prendre à femme fa niéce
charnelle Julia Agrippina fille de
Germanicus fon frere, il eut recours aux loix d'Etat, pour fonder
fon évidente contradiction aux
loix ordinaires, & l'époufa, (*a*) *ne
fœmina expertæ fœcunditatis*, dit Tacite, *integrâ juventâ, claritudinem
Cæfarum in aliam domum transfer-
ret.* C'eft-à-dire, de crainte que
cette femme venant à fe marier en
quelque grande maifon, le fang
des Céfars ne s'étendit en d'autres
familles, & ne produifit une multitude de Princes & Princeffes,
qui auroient eu avec le temps quelque prétention à l'Empire, & enfuite occafion de troubler le repos
public. (46) Tibere pour cette même
raifon ne vouloit donner un mari à
Agrippina, veuve de Germanicus,
& mere de celle dont nous venons

(*a*) Afin que cette femme dont la fécondité
étoit reconnue, & qui étoit en la fleur de fon
âge, ne portât en une autre maifon l'illuftre ti-
ge des Céfars. *Lib.* 12.

de parler, bien qu'elle lui en demandât un avec pleurs & remon-
trances, appuyées fur des raifons
fi puiffantes & légitimes, qu'on
ne pouvoit lui refufer fans commettre une injuftice, laquelle néanmoins étoit légitimée par la loi
de l'Etat, puifque Tibere n'igno-
roit point (a) *quantum ex Republica
peteretur,* c'eft-à-dire, de quelle conféquence ce mariage étoit, & que
les enfans qui en proviendroient,
étant arriere-neveux d'Augufte,
la République Romaine tomberoit quelque jour en des grands
troubles & partialités, à caufe des
divers prétendans à la fucceffion
de l'Empire. (47) Aucune loi ne
permet pareillement que nous procurions du mal & du défavantage
à celui qui ne nous en a jamais fait;
& néanmoins cette maxime d'Etat
rapportée par Tite-Live,(a) *id agen-*

(a) Combien il y alloit de l'intérêt de la République. *Tac. lib.* 4. *Annal.*

(b) Il faut faire cela afin que toute l'autorité

dum ne omnium rerum jus ac potes-
tas ad unum populum perveniat,
nous oblige de donner secours à
nos voisins, contre ceux qui ne
nous ont jamais offensé, de crainte
que leur ruine ne serve d'un éche-
lon pour hâter la nôtre, & que
tous nos compagnons, étant dévo-
rés par ces nouveaux Cyclopes,
nous n'en attendions autre grace,
que celle qui fut donnée à Ulysse,
d'être réservé pour satisfaire à leur
derniere faim. (48) C'est le prétexte duquel se servirent les Etoliens
pour obtenir secours du Roi Antiochus, & Démetrius Roi des Illy-
riens, pour exciter Philippes Roi
de Macedoine & pere de Perseus
à prendre les armes contre les Romains. (49) C'est encore la raison
pourquoi ce grand homme d'état
Côme de Médicis, n'eut rien tant
à cœur, que d'empêcher Milan de

---

ne vienne point entre les mains d'un seul peuple.
Lib. 2. dec. 5.

tomber fous l'autorité des Vénitiens, lorfque la race des Vicomtes & Ducs de Milan fut éteinte :
& (50) Henri le Grand ayant fçû
que le Duc de Savoye avoit failli
à furprendre Genêve, il dit tout
haut, que fi fon coup eut réuffi, il
l'auroit affiégé dedans, dès le lendemain. Mais néanmoins (51) quand
le Roi d'Efpagne a voulu envahir
les Etats du même Duc, la France, en vertu de la fufdite maxime, eft allée puiffamment au fecours : Et (52) c'eft elle auffi qui
a fourni d'excufe légitime aux alliances d'Alexandre VI. & de François I. avec le Grand Seigneur; (53)
de prétexte aux traités fecrets de
l'Efpagnol avec les Huguenots de
France ; & de paffe - port à tant
de troupes que nous avons fait
gliffer de temps en temps, non
moins en la Valteline qu'en Hollande, bien qu'en apparence contre les régles, finon de la religion,
au moins de la piété commune &
de

de notre confcience. Bref fans cette confidération l'on n'auroit pas
rompu tant de ligues dans Guic-
ciardin ; (54) Charles V. n'auroit
pas abandonné les Vénitiens au
Turc ; Charles VIII. (55) n'eût pas
été fi promptement chaffé d'Italie ;
Paul V. n'eût pas joüi fi facilement du Duché de Ferrare ; ni le Pape, qui fiége à préfent, de celui
d'Urbin : (56) Tant de Princes
ne defireroient pas la reftitution du
Palatinat, ni tant de profpérité au
Roi de Suede, ni que Cafal demeurât au Duc de Mantoue , fi
ce n'étoit pour borner , en vertu
de cette maxime, l'ambition dé-
mefurée de certains peuples , qui
voudroient pratiquer fur les Princes voifins, ce que les riches bourgeois pratiquent fur les pauvres ,

O fi angulus ille
Parvulus accedat qui nunc denormat agellum. (a)

---

(4) O , fi nous pouvions ajouter ce petit coin,
qui défigure maintenant notre terre , & la rend
inégale. *Horat.* 2. *lib. ferm.*

Tome I   M

(57) ajoutons encore que le droit de guerre ne permet point que ceux-là foient en aucune façon ou-tragés, qui mettent les armes bas pour implorer la miféricorde du vainqueur; & néanmoins, lorfque la quantité des prifonniers eft fi grande, qu'on ne les peut facile-ment garder, nourrir & mettre en lieu de fureté, ou que ceux de leur parti ne les veulent racheter, il eft permis de les mettre tous bas par maxime, d'autant qu'ils pourroient affamer une armée, la tenir en dé-fiance, favorifer les entreprifes de leurs compagnons, & caufer mille autres difficultés. Et pour cette rai-fon Alde Manuce (*Difc.* 3.) a crû de pouvoir légitimement excufer Hannibal, de ce que en partant d'Italie, il fit tuer au Temple de la Déeffe Junon, tous les cap-tifs Romains qui ne le voulurent pas fuivre; encore qu'eu égard à cette action & à quelqu'autres, Valere Maxime ait dit de lui,

(a) *Hannibal cujus majore ex parte virtus sævitâ constabat.* (58) On peut encore rapporter à semblables maximes, les façons de faire, ou coutumes particulieres de certains peuples en ce qui est de leur gouvernement ; comme *par exemple celle de notre Loi Salique,* si religieusement observée touchant la sucession des mâles à la Couronne, & l'exclusion des femmes, au moyen de laquelle le Royaume fut préservé, pendant la Ligue, de l'invasion des Espagnols : les bons & fidéles François ayant protesté de nullité contre toutes les poursuites étrangeres, & donné congé à ces beaux Corrivaux, par le texte formel de la Loi,

Francorum Regni successor masculus esto. (b)

(a) Annibal dont la vertu consistoit pour la plus grande partie en cruauté.

(b) Que le successeur du Royaume de France soit mâle.

(59) De même nature eft aux Chinois la loi, qui défend, fur peine
de mort, l'entrée de leur pays aux
étrangers ; (60) au Grand Turc la
coutume de faire mourir tous fes
parens ; (61) au Roi d'Ormus de
les aveugler ; à l'Ethiopien de les
enfermer fur le plus haut coupeau
d'une montagne inacceffible ; (62)
l'Oftracifme aux Athéniens ; (63)
la Matze aux peuples de Valaiz en
Allemagne ; le Confeil des Difcoles aux Luquois ; le Lac Orfane à
Venife. (64) L'Inquifition en Efpagne & en Italie (65) & autres femblables loix & façons de faire particulieres à chaque nation, qui n'ont
toutes pour fondement, autre droit
que celui de l'Etat, & néanmoins
font très-religieufement obfervées,
comme étant du tout néceffaires à
la manutention & confervation
des Etats qui les pratiquent.

Finalement la derniere chofe,
que nous avons dit ci-deffus, devoir être confiderée en la politique,

(66) est celle des coups d'Etat, qui peuvent marcher sous la même définition que nous avons déja donné aux maximes & à la raison d'Etat, (a) *ut sint exceſſus juris communis propter bonum commune* ; ou pour m'étendre un peu davantage en François, *des actions hardies & extraordinaires que les Princes sont contraints d'exécuter aux affaires difficiles & comme déſeſperées, contre le droit commun, ſans garder même aucun ordre ni forme de juſtice, hazardant l'intérêt du particulier, pour le bien du public.* Mais pour les mieux distinguer des maximes, nous pouvons encore ajouter, qu'en ce qui ſe fait par maximes, les cauſes, raiſons, manifeſtes, déclarations, & toutes les formes & façons de légitimer une action, précédent les effets & les opérations ; ou au contraire ès coups d'Etat, on voit plû-

---

(a) Qu'elles ſont un excès du droit commun, à cauſe du bien public.

tôt tomber le tonnerre qu'on ne l'a
entendu gronder dans les nuées,
[a] *ante ferit quam flamma micet,*
les matines s'y disent auparavant
qu'on les sonne, l'exécution précede la sentence ; tout s'y fait à
la Judaïque ; l'on y est pris [b] *de
Gallico* sur le vert & sans y songer ;
tel reçoit le coup, qui le pensoit
donner ; tel y meurt qui pensoit
bien être en sûreté ; tel en pâtit
qui n'y songeoit pas, tout s'y fait
de nuit, à l'obscur, & parmi les
brouillards & ténébres, la Déesse
Laverne y préside, la premiere grace qu'on lui demande est,

Da fallere, da sanctum justumque videri,
Noctem peccatis, & fraudibus objice nubem. [c]

(67) Ils ont toutefois cela de bon
que la même justice & équité s'y

---

[a] Il frappe avant que d'éclater.
[b] Selon le proverbe François.
[c] Fait qu'on se trompe & que je paroisse
juste & saint, couvre mes péchés d'une nuit &
mes fraudes d'une nuée. *Horat.*

rencontre, que nous avons dit être
dans les maximes & raifons d'Etat ;
mais en celles-là, il eft permis de
les publier avant le coup, & la
principale régle de ceux-ci eft de les
tenir cachées jufqu'à la fin. Et
qu'ainfi ne foit (68) les exécutions
notables du Comte de S. Paul fous
Louis XI. du Maréchal de Biron
fous Henri IV. du Comte d'Effex
fous Elifabeth Reine d'Angleterre,
(69) du Marquis d'Ancre fous le
Roi à préfent régnant, des deux freres fous Henri III. (70) de Majon
fous Guillaume premier Roi de Sicile, de David Riccio fous Marie
Stuart Reine d'Ecoffe, (71) de Spurius Metius Chevalier Romain
fous Ahala Servilius Colonel de
la Cavalerie Romaine, & de Seia-
nus & Plautian fous divers Empereurs, ont été toutes auffi légitimes & néceffaires les unes que les
autres, & toutefois les trois premieres doivent être rapportées aux
maximes & raifons d'Etat, parce

que le procès fut inftruit auparavant l'exécution ; & toutes les autres aux fecrets & coups d'Etat,
parce que le procès ne fut fait
qu'enfuite de l'exécution. Nous y
pouvons auffi apporter cette différence, que quand bien les formalités auroient précedé l'exécution,
fi néanmoins la religion y eft grandement profanée, (72) comme lorfque les Vénitiens difent, [a] *fomo
Venetiani, dopo Chreftiani ;* qu'un
Prince Chrétien appelle le Turc à
fon fecours ; (73) que Henri VIII.
fit révolter fon Royaume contre
le Saint Siége ; que le Duc de Saxe
fomenta l'Hérefie de Luther, que
Charles de Bourbon prit Rome &
fut caufe de la prifon du Pape &
de la mort de trois Cardinaux : ou
que l'affaire eft du tout extraordinaire & de très-grande conféquence pour le bien & le mal qui en

---

[a] **Nous fommes Venitiens**, & puis Chrétiens.

peut

peut arriver ; alors on se peut encore servir du terme de coup d'Etat , comme on pourra juger par le dénombrement suivant de quelques-uns qui ont été pratiqués, non par des Turcs infidéles ou Canibales, mais par des Princes Chrétiens, tels qu'ont été , pour ne point flater ni épargner notre nation , les Rois de France, (74) entre lesquels Clovis premier Roi Chrétien , en commît de si étranges , & de si éloignés de toute sorte de justice , que je ne sçai pas quelle pensée a eu le bon homme Savaron, de faire un livre de sa sainteté : (75) Charles VII. se contenta de pratiquer celui de Jeanne la Pucelle ; (76) Louis XI. viola la foi donnée au Connétable, trompoit un chacun sous le voile de Religion , & se servoit du Prevôt l'Hermite pour faire mourir beaucoup de personnes sans aucune forme de procès ; (77) François I. fut cause de la descente du Turc en Italie, (78) & ne voulut

obferver le Traité fait à Madrid ;
(79) Charles IX. fit faire cette mémorable exécution de la S. Barthelemi, & fit affaffiner fecretement Lignerolles & Buffy; Henri III. fe défit
de Meffieurs de Guife ; (80) Henri IV. fit la Ligue offenfive & défen-
five avec les Hollandois, pour ne
rien dire de fa converfion à la Foi
Catholique ; & Louis le Jufte, duquel toutes les actions font des
miracles , & les coups d'Etat des
effets de fa juftice , en a pratiqué
deux notables en la mort du Marquis d'Ancre , & au fecours des
Valtelins. Pour les Vénitiens, s'il
eft vrai qu'ils tiennent la maxime
rapportée ci-deffus, il faut avouer
qu'ils demeurent plongés dans un
continuel Machiavelifme, (81) afin
de paffer fous filence beaucoup
d'autres, qu'ils commettent tous
les jours. (82) Les Florentins en
fe réjouiffant de la captivité de
Saint Louis en la Terre Sainte, ne
commirent pas un fecret d'Etat ;

mais une action très-blâmable &
honteuſe [a] *è noto*, dit le Villani,
*che quando queſta novella venne in
Firenƶe ſignoreggiando, Gibellini
ne fecero feſta à grand fallo.* Entre
les Papes, on peut remarquer (83)
la priſon de Celeſtin, (84) le poiſon d'Alexandre VI. l'aſſaſſinat in-
tenté & non parfait de Fra Paolo,
comme preuves très - certaines,
qu'ils ne dépouillent pas toute leur
humanité lors de l'élection. (85)
Charles d'Anjou Roi de Sicile fit décapiter Conradin & Frederic d'Autriche. (86) Pierre d'Arragon au-
toriſa les Vêpres Siciliennes. (87)
Alphonſe Roi de Naples, & A-
lexandre VI. eurent recours à Bajazet, contre les forces de notre
Charles VIII. (88) Henri VIII. fit
révolter l'Angleterre contre le
Saint Siége ; (89) Charles V. ne
tint compte d'inféoder le Milanois

---

[a] Et remarquez que quand cette nouvelle
vint à Florence, les Gibellins en firent une
grande réjouiſſance, mais mal-à-propos.

au Duc d'Orleans, comme il avoit promis lorsqu'il passa par la France ; (90) le même pouvant ruiner les Protestans, il s'en servit pour nous faire la guerre, & les appella ses bandes noires ; il détourna ce que l'Allemagne avoit contribué pour la guerre du Turc, à ruiner François I. (91) sa haine contre le Roi d'Angleterre à cause de sa tante, fit roidir Rome contre Henri VIII. & donna occasion par ce moyen au schisme qui en survint, après lequel il se ligua avec lui, & le fit armer contre le Royaume de France : (92) son Lieutenant Charles de Bourbon prit Rome, & y établit une telle persécution contre les Ecclésiastiques, [a] *che non vi era Huomo che havesse ardire, di andar per la via in habito di chierico, ò di frate:* Bref il se fit de son temps, (93)

---

[a] Qu'il n'y avoit homme qui osât entreprendre d'aller par la ruë en habit de Clerc ou de Religieux. *Il dialogo di Charonte.*

& par son commandement un tel carnage d'hommes aux Indes, & pays nouvellement découverts, qu'il ne s'en est jamais fait un pareil. (94) Philippes II. ne voulut jamais permettre que le Pape se mêlât de l'affaire de Portugal ; & (95) fit pendre tous les soldats François qui allerent au secours de Dom Antonio ; & qui ne sçait par quels moyens (96) il traversa la réduction à l'Eglise de Henri IV. & sa réconciliation avec le Saint Siége, il le peut apprendre du Cardinal d'Ossat, qui a fort bien enregistré dans ses lettres tous les artifices qui furent lors pratiqués contre notre Monarchie. Or ces exemples tirés de l'Histoire de dix ou douze Princes seulement, étant en si grand nombre, je croi qu'ils pourront aussi servir de preuve très-véritable, pour montrer, (97) qu'encore que les écrits de Machiavel soient défendus, sa doctrine toutefois ne laisse pas d'être pratiquée,

N iij

par ceux même qui en autorifent
la cenfure & la défenfe.

Mais d'autant qu'après avoir
amplement difcouru fur la définition des coups d'Etat, il eft auffi
fort à propos de confidérer quelle
divifion l'on en peut faire; il femble que (98) la premiere & plus
légitime eft, de les divifer en fecrets d'Etat juftes & injuftes, c'eft-
à-dire, en royaux & tyranniques ;
& que l'on peut rapporter aux premiers la mort de Plautian, de Se-
janus, du Maréchal d'Ancre, comme aux feconds celle de Remus &
de Conradin.

Mais outre cette divifion, que
je croi devoir être fuivie comme
la principale, (99) on peut encore
les divifer en ceux qui concernent
le bien public, & les autres qui ne
regardent que l'intérêt particulier
de ceux qui les entreprennent.
Hannibal voulant pratiquer les
premiers, commanda qu'on fît
mourir ce prifonnier Romain, le-

quel en fa préfence avoit combattu
& furmonté un élephant, [a] *dicens
eum indignum vitâ qui cogi potuerat
cum beftiis decertare ;* bien qu'il foit
plus vrai femblable, comme a judicieufement remarqué Saris Be-
rienfis, [b] *eum noluiffe captivum
inauditi triumphi gloriâ illuftrari, &
infamari beftias, quarum virtute ter-
rorem orbi incufferat.* Et les Éliens,
peuples de la Grece, ayant fait venir le Sculpteur Phidias de la ville
d'Athénes, pour leur faire la ftatue d'un Jupiter Olympien, comme ils virent que cette ftatue étoit
merveilleufement bien faite, &
que, s'ils laiffoient retourner Phidias à Athénes où il étoit rappel-

---

[a] Difant que celui qu'on avoit pû contrain-
dre ou obliger à fe battre contre une bête, étoit
indigne de vivre.

[b] Qu'il ne voulut pas qu'un prifonnier fut
honoré de la gloire d'un triomphe inouï, & que
les bêtes, par la vertu defquelles il avoit donné
de la terreur à tout le monde, fuffent ainfi dif-
famées. *Polycrat. cap.* 3. *lib.* 1.

N iv

lé, il y en pourroit faire quelqu'autre qui terniroit la gloire de celle-
là ; ils l'accuferent de facrilége, &
lui ayant coupé les deux mains le
renvoyerent en tel état ; (a) *nec pu-
duit illos Jovem debere facrilegio*, dit
Seneque, & le pauvre Phidias,
(b) *talem fecit Jovem, ut hoc ejus
opus Elii ultimum effe vellent.* Quant
à ceux des particuliers, ils ont été
pratiqués par tous les Légiflateurs
& nouveaux Prophétes, comme
nous dirons ci-après.

(100) De plus on peut auffi les
divifer en fortuits ou cafuels, comme lorfque Colomb perfuada à certains habitans du nouveau monde,
qu'il leur ôteroit la Lune (qui fe
devoit bien-tôt éclipfer) s'ils ne
lui fourniffoient des vivres en
abondance ; & en ceux qui font

(a) Et ils n'eurent pas honte de devoir Jupiter à un facrilege.
(b) Fit un tel Jupiter que les Eliens voulurent que ce fût fon dernier ouvrage.

prémedités, & que l'on entreprend
après une mûre délibération, pour
le bien évident que l'on juge en
pouvoir avenir, tels que font prefque tous ceux defquels nous avons
parlé.

(101) Il y en a pareillement de
fimples, qui fe terminent par un
feul coup, comme la mort de Se-
janus ; & de compofés, qui pour
lors font, ou fuivis, ou précedés
de quelqu'autres. Précedés, comme la faint Barthelemi, de la mort
de Lignerolles, des nôces du Roi
de Navarre, & de la bleffure de
l'Amiral ; (102) Suivis, comme
l'exécution du Maréchal d'Ancre,
de celle de Travail, de fa femme
la Marquife, & de l'exil de la Reine Mere.

De plus il y en a qui fe font par
les Princes, quand la néceffité &
la conjonĉture des affaires le re-
quierent ainfi, comme font ceux
defquels nous prétendons de parler
feulement en ce difcours ; & d'au-

tres qui s'exécutent par leurs Miniftres , lefquels fe fervent bien
fouvent de l'autorité de leurs Maîtres , pour conclure beaucoup d'affaires , foit pour leur utilité particuliere, ou celle du public, fans
néanmoins que le Prince en puiffe
connoître les premiers refforts ou
mouvemens ; ainfi voyons-nous
que l'avancement de Poftel fous
François I. fut un petit coup d'E-
tat du Chancelier Poyet ; que le
mauvais rapport , que l'on fit du
Philofophe Bigot au même Roi
en fut un de Caftellan , Evêque de
Mâcon ; & de nos jours la mort
de Reboul, la prifon de l'Abbé du
Bois, (103) le chapeau rouge de
M. le Cardinal d'Offat , ont été
attribués à M. de Villeroi ; ne plus
ne moins que celui de du Perron à
M. de Sully , & l'exécution de Travail à M. de Luynes. Mais parce
qu'il feroit trop long , & peut-être
ennuyeux de rapporter ici toutes
les divifions que l'on peut faire fur

cette matiere, & que d'ailleurs elles ſont preſque inutiles & ſuperflues, je me contenterai des précédentes, & laiſſerai la liberté à un chacun d'en introduire & inventer telles autres que bon lui ſemblera.

RE'FLEXIONS

Sur le fecond Chapitre des Confidérations Politiques.

(1) *Quels font les Coups d'Etat & de combien de fortes.*

MOnfieur Naudé ayant tâché de montrer au Chapitre précédent, que la perfonne du Cardinal Bagni & la fienne, (bien que le premier fût Prélat, & le fecond encore affez jeune) n'ont pas dû empêcher qu'il ne difcourut des coups d'Etat, m'a donné fujet de le parcourir, & d'y remarquer ce que j'ai eftimé digne de confidération. Je ferai la même chofe en celui-ci ; & fi la diftinction qu'il fait des coups d'Etat, ne me donne aucun fujet d'entretenir mon lecteur, il y aura d'autres chofes qui le pourront divertir, en inftruifant la jeuneffe. Car à dire le vrai, je ne prétends point de donner des leçons aux fçavans, ni des confeils à ceux qui n'en ont pas befoin. Et je puis affurer en vérité, que la feule crainte que j'ai que cet ouvrage n'enhardisse les timides en des choses qui choquent la conscience, éveille en moi le désir que j'ai de faire des réflexions sur cet écrit, & de montrer qu'il y a quelque danger, d'ajouter foi indifféremment à tout ce qu'il enseigne.

(2) *Juste Lipse ayant parlé d'une prudence, &c. parle ensuite d'une autre, qu'il appelle mêlée, &c. laquelle il définit, argutum consilium à virtute aut Legibus devium Regni Regisque bono.* Ce grand politique constitue trois espèces différentes de cette derniere prudence. La premiere est une fraude ou tromperie légere, qui comprend sous soi la défiance, & la dissimulation. La seconde qui retient moins de vertu que la précédente, a pour ses parties la conciliation & la déception, & use de finesse pour acquerir les uns, & pour tromper les autres. Et la troisiéme s'éloigne totalement de la vertu & des loix, & a pour fondement la perfidie & l'injustice. Les deux premieres espèces ont peu de commerce avec les coups d'Etat, & semblent honnêtes & permises aux politiques, parce qu'autrement il est impossible ou très-difficile de gouverner un Etat. Le François qui se fieroit à tout ce qu'un Espagnol lui pourroit dire, & qui découvriroit toutes ses pensées, étant à la Cour

de Madrid, paſſeroit pour inſenſé. Et le plus zélé Chrétien ne blâmera point un Eſpagnol, qui en matiere de politique , & où il s'agira de l'accroiſſement , ou de la conſervation de l'Etat , cachera ſes ſenti-mens aux politiques François. En ſembla-ble cas , la diſſimulation eſt louable , & on la peut pratiquer ſans encourir le titre de peu ſincére. Les Nonces , les Ambaſ-ſadeurs , & tous les autres Miniſtres réſi-dens à la Cour des Princes , employent leur eſprit , & la bourſe de leurs Maîtres , pour détourner les plus hommes de bien du ſentier de la vertu , & croyent que tout ce qui leur eſt néceſſaire , leur eſt auſſi per-mis. Les Eſpagnols corrompirent l'Hoſte Secretaire de M. de Villeroi , qui déchif-froit les lettres qui venoient au Roi Hen-ri le Grand , des Pays étrangers , & par ce moyen ils ſçûrent les ſecrets de la Cour de France durant quelques années. Amu-rath , Sultan de Turquie , craignant la for-tune de Uladiſlas Roi de Hongrie , & la valeur de Jean Hunniades Corvin , qui avoit fait priſonnier Carambo , ſon Lieu-tenant Général , envoya des Députés à Bu-de , qui ſous prétexte de traiter de la ran-çon de ce Général , priſonnier , gagnerent le Deſpote de Myſie , & par ſon moyen obtinrent au Grand Seigneur la paix qu'il

défiroit extrêmement. Ces rufes font per-
mifes, & les plus confcientieux Chrétiens
les mettent en pratique, quand ils en ont
befoin pour le bien de leur Etat. La troi-
fiéme efpece de prudence dont Jufte-Lipfe parle, n'eft pas de cette nature ; &
ayant pour fondement la perfidie & l'injuftice, elle attire fouvent l'ire de Dieu
fur ceux qui la pratiquent. Je n'entends
pas pourtant de parler ici théologique-
ment ; auquel cas il eft certain qu'il ne
faut point faire de mal, afin que bien en
avienne ; mais politiquement, & en ce cas
les Hiftoriens nous affûrent que Dieu a
fouvent puni la perfidie. Uladiflas Roi de
Hongrie, de qui je viens de parler, perdit la vie & une grande partie de fon
Royaume, pour avoir fuivi le confeil du
Cardinal Julien ; qui croyant que la guerre lui feroit utile, fit rompre un accord
qu'il venoit de confirmer par un ferment.
Le même Cardinal n'en fortit pas à meilleur marché. Car le confeil qui coûta la
vie au Roi Uladiflas, & à vingt-deux mille
Hongrois, le fit percer de plufieurs coups,
& périr avec les autres.

(3) *Il n'y peut avoir que deux fortes de*
prudence, l'une ordinaire, qui nous four-
nit le moyen de faire les chofes aifées,
l'autre extraordinaire, qui excéde les loix,

& *renverse les coutumes.* M. Naudé ayant apporté l'opinion de Lipfe, fur le fujet de la prudence, en difcourt autrement, & dit que pour chercher la nature des fecrets d'Etat, l'on doit confidérer la prudence comme une vertu morale & politique, qui n'a autre but que de chercher les moyens de faire réuffir les affaires que l'homme fe propofe. D'où il s'enfuit, dit-il, que ces affaires, & les moyens de les achever n'étant que de deux fortes, il n'y peut avoir que deux fortes de prudence. L'une ordinaire & facile, qui nous fournit le moyen de faire les chofes aifées, & l'autre extraordinaire, rigoureufe & févere, qui excéde les loix. La premiere comprend toutes les parties de prudence, dont nous avons parlé ci-deffus, & que Jufte-Lipfe diftingue en trois ; & la feconde comprend celle qui enfeigne à bien exécuter les coups d'Etat. Nous verrons enfuite fi tous ces coups font faifables, & fi le politique qui les met en pratique, les peut tous couvrir du manteau de néceffité, & fi c'eft à bon droit que M. Naudé les veut délivrer du foupçon d'être injuftes, vicieux & deshonnêtes ; & d'autant que notre Auteur touche beaucoup d'hiftoires, fans les expliquer, je tâcherai de les éclaircir.

(4) *Il faut sçavoir que la justice du Souverain chemine un peu autrement que celle des particuliers, il lui convient marcher, &c.* Charron & Naudé sont ici de même avis ; & tous les politiques leur accorderont volontiers, que les Souverains ne sont pas si étroitement obligés aux loix, que les particuliers. Mais aussi, je crois qu'ils avoueroient tous deux, s'ils étoient en vie, que les défauts paroissent davantage en leurs personnes qu'en celles de leurs sujets. Les Souverains sont des colosses, que tout le monde voit & admire. Toutes leurs vertus semblent héroïques, & leurs moindres défauts semblent de grands vices. Si le pas qui semble détraqué en eux est nécessaire, c'est quand ils veulent empêcher qu'on ne les trompe, & qu'ils préviennent ceux qui les veulent surprendre. Jean II. Roi de Portugal, sçachant les desseins que Ferdinand Duc de Viseo, son cousin germain, & Ferdinand Duc de Bragance, son beau-frere avoient fait contre lui, les prévint, tua le premier de sa main & mit l'autre entre celles du bourreau. Le Roi Louis le Juste, voyant que les Espagnols semoient la discorde parmi les François, & aidoient les rebelles de leur conseil & de leur bourse, pour demeurer en repos, leur rendit la pareille.

Ce Prince donna aux Catalans & aux Portugais le moyen de se défendre contre leur Maître, parce que les Rois d'Espagne avoient souvent haussé le menton aux François, qui s'étoient détraqués de leur devoir. Celui qui ne peut empêcher qu'on ne le trompe, sinon par une tromperie, est excusé, ou du moins excusable, s'il pratique contre son ennemi ce que le même ennemi pratiquoit contre lui. Enfin à renard, renard & demi ; mais seulement quand la nécessité le requiert ; car par tout ailleurs, le Souverain doit avoir plus de soin que le particulier, de conserver le nom de prud'homme.

(5) *Les Agens, Nonces & Ambassadeurs sont envoyés pour épier les actions des Princes étrangers & pour couvrir celles de leurs Maîtres.* Il n'y a rien de plus important à un Souverain, que de sçavoir au vrai ce que les autres méditent ; & pour ce sujet les Ambassadeurs employent toute leur industrie, pour pénétrer dans les secrets de la Cour où ils résident. A cette fin, ils employent la bourse de leur Maître, & l'industrie de leurs amis ; & sçachant qu'on doit du respect à leur caractére, parce qu'ils sont personnes publiques, ils passent souvent jusqu'à l'excès, & donnent aux Princes auprès de qui ils sont envoyés de

juftes fujets de plainte. L'Hiftoire du Roi
Henri le Grand, contient des preuves fi
évidentes de cette vérité, que perfonne
n'en peut douter. La mort du Duc de Biron, la difgrace de la Marquife de Vernueil, la prifon du Comte d'Auvergne, la
trahifon & la fin malheureufe de Meirar-
gues, font voir au monde, que Jean de
Taxis, & Balthafar de Zuniga, Ambaffa-
deurs d'Efpagne, fçûrent débaucher ceux
qui leur voulurent prêter l'oreille : les Am-
baffadeurs de Venife témoignent par les
Relations qu'ils font des Cours où ils ont
réfidé, qu'ils pénétrent plus avant qu'aucun
autre, dans les fecrets des Etrangers ; & le
foin que le Sénat a d'empêcher que la no-
bleffe de Venife ne fe communique aux
Etrangers, fait voir le foin qu'il a de tenir
les fiens extrêmement cachés ; les autres
Réfidens des Princes ne négligent pas leur
devoir, & M. de Thou dit, que les Am-
baffadeurs de France ne voulurent point
expliquer à Chriftian IV. Roi de Dannemarc, le fujet de leur Ambaffade en plein
Confeil, difant, que le Roi d'Efpagne y
avoit des penfionnaires. Cela pouvoit bien
être d'autant qu'en nos jours le Cardinal
de Richelieu fçavoit tout ce qui fe paffoit
au Confeil de Madrid, qui jufqu'alors
avoit été le plus fecret de la Chrétienté.

O ij

(6) *La plus grande vertu qui régne au-jourd'hui en Cour, eſt de ſe défier de tous, & de diſſimuler avec un chacun.* Les perſonnes trop ſimples & trop ouvertes peuvent difficilement réuſſir aux affaires de la moindre importance. On ne trouve plus perſonne qui diſe tout ce qu'il penſe. L'art de bien vivre, oblige les plus ſincéres à diſſimuler quelquefois ; & à la Cour, les effets & les paroles s'accordent difficilement. Chacun y fait gloire de faire le contraire de ce qu'il dit, & de nuire ſous main à celui qu'il favoriſe ouvertement. Enfin ſelon la doctrine de M. Naudé, il ſe faut défier de tous ; & à mon avis, l'on doit avoir plus de ſoin de ſe garder des Agens des Princes étrangers que d'aucun autre. L'Allemagne a fait raiſonner fort haut le ſujet que la Suede, le Dannemarc & Vienne mêmes, ont eu de ſe plaindre des Miniſtres ſubtils qui ont tâché de ſémer la diſcorde dans les Conſeils de leurs Majeſtés. Et quelques-uns ont voulu perſuader que des Officiers à qui l'on avoit communiqué de grandes affaires, en faiſoient part aux Potentats étrangers, pour avoir de leur or.

(7) *Or non-ſeulement ſe défier, & diſ-ſimuler à propos, qui conſiſtent en l'omiſ-ſion, ſont néceſſaires au Prince. Mais il*

est souvent requis de venir à l'action. Je
sçai que les Ambassadeurs voulant passer
pour industrieux & vigilans, tâchent d'acquerir à leurs Maîtres des personnes utiles
à leur Etat, & à ces fins, ils n'oublient
aucune chose. Il est pourtant difficile qu'ils
acquierent ceux qui n'offrent pas eux-mêmes les effets de leur perfidie ; si ce n'est
qu'une qualité éminente leur donne le
moyen de les attaquer. Pour exemple,
l'Hoste Secretaire de M. de Villeroi, &
Meirarges, Capitaine de quelques Galeres qui gardoient le port de Marseille,
offrirent aux Espagnols leur perfidie.
Mais le Duc de Biron, la Marquise de
Vernueil, & le Comte d'Auvergne éveil-
lerent l'industrie des ennemis de leur patrie, pour les acquerir : le premier, ayant
eu grande part aux victoires de son Maître, en étoit devenu extrêmement superbe:
la seconde s'étant trop approchée de son
Roi, l'avoit fait pere d'un fils, & auroit
bien voulu qu'il eût porté le glorieux titre
de Dauphin, & elle celui de Reine. Et le
Comte son frere y auroit volontiers contribué de toutes ses forces. Les Espagnols
donc, qui voyoient que Biron auroit volontiers porté une Couronne, lui rem-
plirent la tête de fumée, & le porterent à
un extrême dessein. Ils augmenterent aussi

le courage de la Marquife, qui pria le Roi
de lui permettre de fortir du Royaume, &
& ayant obtenu cette permiffion, elle voulut mener fon fils avec elle, pour le faire
fervir à la paffion des envieux de la France. Delà s'éleva une tempête, qui mit la
tête de Biron fur un échaffaut ; la Marquife en arrêt dans fa maifon, & le Comte
dans la Baftille. Mais fi cet orage n'eût
trouvé le pilote alerte, le navire de l'Etat
auroit pû courir danger ; & cet Etat, qui
étoit forti d'un trouble extraordinaire,
auroit pû tomber dans un autre encore
plus dangereux. Mais ces perfides eurent
à faire à un Prince fi vigilant & fi heureux,
qu'il rompit toutes leurs mefures, &
triompha de la malice de fes fujets rebelles, & de l'induftrie de fes voifins malicieux.

(8) *Telles rufes font tous les jours pra-*
tiquées fans aucun foupçon d'injuftice. Les
actions dont M. Naudé parle ici, font véritablement pratiquées, & même plus
fouvent qu'il ne faudroit ; mais je ne fçaurois pas me perfuader, que ce foit fans aucun foupçon d'injuftice, ni comme étant
les principales régles & maximes pour bien
policer & adminiftrer les Empires. Celui-
là fe foucie peu de fa confcience, qui ne
croit point léfer la juftice, quand par des

pratiques & intelligences fecrettes, il attire finement le cœur des Officiers & confidens des autres Princes, & par fes artifices il les retire de leur devoir. La principale loi de la nature, qui eft de ne point
faire à autrui ce que nous ne voudrions
pas qu'on nous fît; eft manifeftement lé-
fée en ces rencontres. Et le *Neminem læ-
dere*, qui eft un des préceptes généraux
du droit civil, fe trouve foulé aux pieds
de ceux qui mettent en pratique les régles,
qui au dire du Sieur Naudé, ne choquent
point la juftice. Ces mêmes actions ne peuvent pas auffi être les régles principales
pour bien policer un pays. Au contraire,
je penfe que pour bien gouverner une Province, il faut tâcher d'en bannir la pratique de tout ce qui en peut renverfer l'œ-
conomie, & en faper les fondemens. Et
comme perfonne ne fouffre volontiers le
dommage que ces actions apportent, perfonne ne doit auffi le caufer aux Etrangers,
fans y être contraint par la néceffité, qui
les rend plus faifables & moins injuftes.

(9). *L'Etat Monarchique doit avoir
des moyens particuliers pour fe garder
d'être commandé par plufieurs.* Il eft certain que toutes les formes de gouvernement ont des maximes, fur quoi leur durée fe fonde. Et tous les pays qui ont paffé

d'une forme à une autre, ont eu ce malheur pour avoir négligé leur raifon d'Etat.
Ici l'on pourroit demander, fi le Monarque agit toujours feul aux chofes de grande importance ; & fi la communication
qu'il donne de fon autorité, ôte à fon
Etat le titre de Monarchie ? A cela je réponds qu'il n'y a point de fi chetive Principauté, où le Prince puiffe faire toutes
les affaires fans l'affiftance de quelque confeil ; & que cette affiftance n'altere point
du tout la forme de l'Etat Monarchique.
La raifon de mon affertion, eft que tous
les Officiers du Prince ont leur pouvoir &
autorité de celui qui les a mis en poffeffion de leur charge. Et leur pouvoir étant
feulement une communication de celui de
leur Maître, toute l'autorité demeure attachée à la perfonne du Souverain, qui fait
& défait, éléve & abbat qui bon lui femble. Mais parce que le Prince préfere
par fois fes plaifirs à fon devoir, & laiffe
paffer fon autorité en la perfonne de fon
favori ; le valet devient Maître, & le Maître valet ; ce que je confirmerois par des
exemples, s'ils n'étoient odieux.

(10) *Cela me feroit aucunement redouter l'indignation de ces grands perfonnages.* Ceux qui quittent le chemin battu,
pour prendre des routes encore peu con-
nues,

nues, arrivent par fois au but qu'ils se sont proposés plûtôt que les autres. Et par fois aussi ils s'égarent & sont contraints de rebrousser chemin, pour reprendre celui qu'ils avoient abandonné. M. Naudé n'a pas voulu suivre le train des auteurs que Clapmarius a imités ; & à mon avis, en ces matieres, il doit être permis de faire bande à part. Mais tous les écrivains n'ont pas les mêmes lumieres ; & ceux-là seuls qui ont beaucoup de naturel & d'acquit, peuvent agir comme il leur plaît.

(11) *Les mots* secretum *&* arcanum *ne doivent pas être attribués aux maximes d'une science.* S'il est vrai que ce qui devient commun, ne doit point être appellé secret ; l'on ne doit point douter que M. Naudé n'ait raison en cet endroit. Les maximes des sciences ne sont enseignées dans les écoles & dans les livres, que pour se communiquer à tous ceux qui aspirent à la connoissance de ce qu'ils contiennent. De-là vient que l'on peut dire, que c'est mal-à-propos que ceux qui veulent instruire la jeunesse par leurs écrits, nomment la science qu'ils enseignent *Arcana Rerumpublicarum :* mais ce titre éminent est assûrément dû aux coups d'Etat, dont le sieur Naudé nous veut entretenir.

(12) *Je remarquerai que l'on peut tirer*

Tome I. P

un beau parallele entre le fleuve du Nil, & les secrets d'Etat. Si ce parallele consiste à ne pas sçavoir l'origine, ni de l'un ni des autres je ne puis pas donner gain de cause à M. Naudé. Je crois bien que les anciens ignoroient l'origine de ce grand fleuve ; mais en nos jours tout le monde sçait qu'il sort du Lac *Zaïre*, qui est en Ethiopie, d'où sort aussi un autre grand fleuve, qui retient le nom de ce Lac. Et une de ces rivieres se va décharger dans l'Océan, après avoir traversé le Royaume de Congo, & l'autre se jette dans la Méditerranée, non pas par sept embouchures comme dit Mela, Srabon & Hérodote, ni par neuf comme veut Ptolomée, ni par onze comme Pline nous veut persuader ; mais par quatre selon le rapport de Belon, qui a été en ce pays-là, & à qui l'on doit donner plus de foi qu'aux autres. L'on peut ajouter ici deux autres paralleles. Le premier est, que comme le Nil est fécond en monstres épouvantables, comme chevaux marins & crocodiles, qui sont très-dommageables aux humains : ainsi les secrets d'Etat sont féconds en monstres de cruauté qui sont fort préjudiciables à l'honneur des Souverains, & à la tranquillité des peuples. Le second est, que comme les plus voisins du Nil sont merveilleusement

ingénieux, & ont été inventeurs des arts;
auſſi les conſeillers des coups d'Etat inventent mille moyens de parvenir au but
qu'ils ſe propoſent.

(13) *Il y a une grande différence entre les ſecrets d'Etat des autres, & ceux dont nous voulons parler.* Je ne doute
point de ce que M. Naudé nous dit ici;
car les auteurs dont il parle, donnent
des préceptes qui adreſſent les hommes
à la connoiſſance des ſecrets dont ils entendent parler. Et au contraire M. Naudé veut que le Souverain qui deſire de
mettre en pratique les coups d'Etat, ne
prenne conſeil que de peu de perſonnes,
qui tiennent leur deſſein ſecret, & que
ceux ſur qui le coup doit tomber, ſoient
pris à l'improviſte, & ſans qu'ils ayent le
moyen de ſe garantir. En effet le maſſacre
de Paris fut arrêté entre le Roi Charles IX.
Catherine de Médicis ſa mere, Henri Duc
d'Anjou ſon frere, & Henri Duc de Guiſe
ſon favori. Les Vêpres Siciliennes furent
conçûës dans le cerveau de Jean Prochite,
& communiquées ſeulement à Pierre Roi
d'Arragon, qui en devoit recevoir le fruit;
le deſſein de tuer Charles Roi de Naples,
qui s'étoit fait Roi de Hongrie, par la faveur des Grands du pays, ne fut communiqué qu'à Blaiſe Forgaſch, qui fit le coup,

& aux Reines Elifabeth & Marie, qui en attendoient le profit, par Nicolas Gara qui en fut l'auteur. Jeanne Reine de Naples voulant faire étrangler André fon mari, n'en parla finon à Philippe la Catanoife, qui avoit été fa nourrice, à Louis Prince de Tarente fon amant, & à ceux qui firent le coup,

(14) *En effet nous voyons qu'Augufte lorfqu'il eut deffein de quitter le titre d'Empereur, ne le communiqua pas au Confeil.* M. Naudé ayant avoué que les coups d'Etat ont toujours quelque apparence d'injuftice, ofe mettre en ce nombre le deffein qu'Augufte eut de rendre la liberté à fa Patrie, & qu'il n'ofa point le communiquer au Sénat, qu'il avoit augmenté de fix cens Sénateurs. Pour moi je ne puis pas m'imaginer que le plus grand bienfait qu'un Prince puiffe départir à la République, paffe pour un coup d'Etat au fens que M. Naudé le prend ici, ni qu'il foit dangereux de communiquer au Sénat le deffein & le defir qu'un Souverain pourroit avoir de rendre la liberté au peuple. Au contraire, je penfe que fi Augufte eût propofé fon deffein au Sénat, il l'auroit infiniment obligé; tout le monde auroit loué fa modération, & peut-être la République Romaine l'auroit trouvé

digne de porter le fceptre qu'il vouloit
quitter, & le lui auroit remis entre les
mains d'un commun confentement, parce qu'il auroit témoigné de ne s'en pas
foucier, & s'il ne le communiqua finon
à Mecenas, & à Agrippa fes confidens,
ce fut qu'il craignit qu'on ne le prit au
mot, & qu'en effet il ne defiroit point de
quitter le titre d'Empereur, bien qu'il en
voulut faire femblaut.

(15) *Jules-Céfar n'avoit que Q. Pæ-*
dius & Cornelius Balbus avec lefquels il
communiquoit ce qu'il avoit de plus fecret.
Tous les Potentats ont quelques favoris à
qui ils communiquent leurs fecrets ; & les
plus habiles mêmes ne s'en peuvent pas
entierement paffer. Il y a néanmoins cette
différence que les uns obéiffent à leurs favoris, & les autres leur commandent &
s'en fervent comme de leurs autres fujets,
bien que ce foit avec plus de confidence.
L'on a vû en France, en Efpagne, en Angleterre & ailleurs des premiers Miniftres,
qui avoient plus de pouvoir que leurs Maîtres, & d'autres qui n'ofoient pas fortir
des termes du refpect & de l'obéiffance.
J'en apporterois des exemples, fi je n'ap-
préhendois d'offenfer, ou les Princes ou
leurs principaux ferviteurs : mais parce que
l'on peut demander ici, fi un Prince qui

ne fe peut point paffer de favori, en doit
avoir un, ou plufieurs de pouvoir égal &
de même mérite ? Je réponds avec diftinction, & dis, qu'un Prince fage, expérimen-
té en l'art de régner , & qui fçait difcerner
le bon confeil du mauvais, en doit avoir
plus d'un. La raifon que j'ai de prendre ce
parti , eft que là où il y a deux ou plufieurs
grands Miniftres, il avient fouvent que
chacun apporte des raifons fi plaufibles, &
appuye fon opinion de tant de vraifem-
blance , qu'un Prince peu habile demeure
irréfolu ; & les Miniftres ne voulant point
céder l'un à l'autre, la République fe trouve privée du fruit de leur raifonnement ;
mais fi le Prince eft habile , il pefe les raifons de fes Miniftres & choifit le meilleur
parti : au contraire le Prince qui fe fent incapable de choifir le meilleur confeil de
plufieurs qui lui font donnés , ne doit
avoir qu'un grand Miniftre, parce qu'en
ce cas-là , celui-ci fait tout ; & ôte au Prince la peine de choifir.

(16) *Les Vénitiens font aujourd'hui de
même avec leurs fix Procureurs de Saint
Marc.* Les Procureurs de faint Marc entrent au Confeil de Pregadi , qui eft un de
ceux où l'on traite les affaires d'Etat. Mais
n'en déplaife à M. Naudé , ils ne forment
pas feuls le Confeil , où les coups d'Etat

fe digerent & fe refolvent. Le Coll.ge &
le Confeil de dix , dont il n'ont pas l'entrée , font les plus éminens Tribunaux de
cette Reine des Républiques , & les Procureurs de Saint Marc font plus de fix. Pour
fçavoir donc que notre Auteur fe trompe
en cet endroit , il faut remarquer que
quand l'Eglife de Saint Marc commença
d'avoir un tréfor , le Sénat en donna le
foin à un des principaux Gentilshommes
de la ville , qui étoit feul Procureur de S.
Marc. Quelque tems après la liberalité
des Patriciens & des Citoyens de Venife ,
ayant enrichi cette Eglife , le foin de ce
Procureur ne fembla pas fuffifant à l'adminiftration de ce tréfor , & l'on y en ajou-
ta deux ; un qui avoit foin de ce qui avoit
été donné par ceux qui habitoient au-deçà
du grand canal , & l'autre avoit foin de
ce qui avoit été donné par les habitans au-
delà du même canal. Avec le tems la peine
de ces trois Procureurs fe trouva trop grande , & le Sénat réduifit le nombre de trois à
trois fois autant. Ce nombre a duré jufqu'en nos jours,& il y en a encore autant qui
font élevés à cette charge par mérite. Mais
pendant la derniere guerre que cette République foutint contre le Turc , à caufe
de Royaume de Candie , le befoin que la
Seigneurie avoit d'argent , fit vendre cette

dignité à trente perfonnes, qui donnerent chacun vingt mille ducats, qui valent chacun deux ou trois fols plus qu'un de nos florins d'Allemagne, ou quarante fols de France ; au refte ces Offices durent autant que la vie, & font les plus recherchés ; bien que les fix Confeillers qui reprefentent les fix quartiers de la Ville, & qui font les premiers de la République, après le Duc, foient plus haut élevés que les Procureurs de Saint Marc.

(17) *Auroit-il pas fait beau voir que Charles IX. eût conclu la Saint Barthelemi, & Henri III. la mort du Duc de Guife, au milieu de fon Confeil.* J'ai déja dit quelque chofe du maffacre qui fut fait à Paris par ordre du Roi Charles IX. la veille de Saint Barthelemi, l'an 1572. & montré que la Reine fa mere, le Duc d'Anjou fon frere & le Duc de Guife feuls furent participans de ce confeil fanguinaire. A préfent je veux dire quelque chofe du meurtre du Duc de Guife, qui fut poignardé à Blois, aux Etats généraux du Royaume, le 23. du mois de Décembre 1588, Ce Prince qui étoit extrêmement civil & populaire, fe rendit aifément arbitre de la volonté du peuple de Paris, & par ce moyen de toute la France, ou peu s'en falloit. Il avint que le Roi Henri III. étant

ftérile, ce Duc eut grande efpérance &
plus grand defir de monter fur le trône.
Pour parvenir donc à fon but, il tâcha d'acquerir la réputation de zélé Catholique,
de grand homme de guerre, & de protec-
teur du peuple. En même tems il n'oublia rien pour faire méprifer le Roi, par
tous les moyens qu'on peut remarquer
dans l'hiftoire. Enfin le Roi voulant châtier les Parifiens, le Duc y accourut, &
l'infolence de ce peuple fut fi grande qu'il
fit des barricades dans la Ville, jufqu'aux
portes du Louvre, d'où l'on chaffa le Roi.
Alors ce pauvre Prince fe retira à Char-
tres, où le Duc l'alla voir, & le Roi, qui
felon l'opinion du Pape Sixte V. le devoit
faire affaffiner, le laiffa fortir fain & fauf.
Peu après le Duc demanda la tenuë des
Etats du Royaume à Blois, où fe fiant à
la parole que le Roi lui avoit donnée de
ne lui point faire de mal, & beaucoup
plus à l'affection que les Députés avoient
pour lui, il excéda tellement les bornes
de fon devoir, qu'il voulut faire rafer le
Roi fon maître pour l'enfermer dans un
Monaftere. Le Roi qui fçavoit fon deffein le prévint, & le fit poignarder dans
fon cabinet. M. Naudé dit que fa mort
ne fût pas concluë au milieu du Confeil
de Sa Majefté, & je l'avoue. Mais affûré-

ment plufieurs fçavoient ce deffein ; car le Roi ayant commandé à M. de Crillon, Maiftre de Camp de fes Gardes Françoifes, de tuer le Duc, il lui répondit, qu'il étoit trop homme d'honneur pour le tuer en traître, & que s'il plaifoit à Sa Majefté de l'ordonner, il fe battroit avec lui, & mourroit au combat, ou le feroit mourir. Cette voye fembla au Roi trop longue & trop incertaine, & il ordonna à quelques-uns de fes gardes de le tüer quand il entreroit dans fon cabinet. L'on mit auffi un billet fous la ferviette du Duc, qui lui faifoit fçavoir le deffein que le Roi avoit de le faire mourir, & ayant dit qu'on n'oferoit, il le jetta fous la table. Tout ce que je viens de dire fait voir que plufieurs perfonnes eurent connoiffance de ce coup d'Etat, ce qui étoit bien dangereux en ce temps, & en ce lieu-là, car le Duc étoit plus puiffant que le Roi aux Etats de Blois.

(18) *Ces grandes entreprifes ne peuvent jamais être fi bien circonftanciées, qu'elles ne foient accompagnées de quelque injufti-ce.* M. Naudé dit en cet endroit que ces fecrets mêlés d'un peu de févérité, ne peuvent point être nommés, *Flagitia Imperiorum*, parce que ce nom eft feulement dû aux actions des Tyrans qui les exercent, en confidération d'un bien particulier.

Quoique je ne veuille point prendre le
parti de Clapmarius, je réponds à ceci,
qu'il peut y avoir des Princes légitimes qui
abusant de leur autorité, imitent les Tyrans en l'exercice de ces grandes actions.
Et s'ils ne méritent point ce nom odieux,
pour avoir légitimement acquis leur Etat,
ils le méritent par leurs horribles déportemens. Néron qui étoit monté sur le trône,
selon les loix de l'Empire Romain, fit plusieurs actions indignes d'un Prince légitime ; & si tous ceux qui font des choses
d'importance, en considération d'un profit
particulier, devoient être appellés Tyrans,
il y en auroit beaucoup. Et tout ce que le
sieur Naudé apporte de la monastique & de
l'œconomie devroit être rayé de cet ouvrage, parce que tout ce qu'il en dit, regarde le bien des personnes ou des familles
particulieres, sans que le général de la
République y prenne aucune part.

(19) *En la monastique & en l'œcono-*
mie ; il y a de certaines ruses, desquelles
beaucoup se servent pour venir à bout de
leurs prétentions. Il n'y a point de doute
que plusieurs particuliers n'usent souvent
de stratagême pour parvenir au but qu'ils
se sont proposés, tant en ce qui regarde
leurs personnes, qu'en ce qui regarde le
salut de leurs familles. Mais aussi est-il

très-certain que la définition que M. Naudé donne aux coups d'Etat, ne peut aucunement convenir à ces actions particulieres ; je défie le plus grand chicaneur de trouver en des actions qui regardent le bien particulier d'un homme ou d'une famille , un excès du droit commun pour un bien commun , ou bien un conseil subtil qui s'éloigne des loix pour le bien de l'Etat ou du Roi , qui sont les définitions des coups d'Etat. De plus tout ce que le sieur Naudé dit de ce qui regarde la Monastique , touche des personnes ambitieuses , qui tâchant de se diviniser, ont été précipités dans les enfers , comme Salmonée , fils d'Eole Roi d'Elide ; ou bien sont méprisés des personnes prudentes, comme Psaphon, Héraclide & Empedocle , qui se voulant élever au-dessus de la condition humaine , ont plutôt mérité le nom de bêtes que celui de Dieux.

(20) *Ne plus ne moins que Romulus établit l'opinion de son ravissement au Ciel en se noyant.* La vie & la mort de Romulus ont été également admirables ; & l'on peut assûrer que toutes choses concoururent à son aggrandissement. Sa mere voulant cacher le deshonneur de son impudicité & de la naissance de ce fils, dit qu'elle n'avoit pû résister au Dieu Mars, quand elle le con-

çut ; & les actions glorieufes de ce Prince donnerent du crédit à cette fable. Il fut expofé fur le Tibre, & la riviere l'ayant laiffé fur le rivage, il fut défendu & nourri par une louve de nom ou de mœurs; & fa vertu l'ayant fait Chef de Bergers, fa fortune le fit connoître petit-fils de Numitor, lui donna le moyen de bâtir une ville, de la peupler, de vaincre fes ennemis & d'affujettir fes voifins. Enfin il mourut avant qu'elle l'abandonnât, car faifant revûë de fon armée proche des marais de Caprée, il s'éleva une grande tempête fuivie d'éclairs & de tonnerre ; & là, Romulus étant couvert d'un nuage épais, il difparut des yeux de ceux qui l'écoutoient. Le peuple qui fçavoit que ce Prince avoit ôté au Sénat la trop grande autorité qu'il lui avoit donnée, eut quelque foupçon que les Sénateurs l'avoient fait mourir, & felon l'opinion de M. Naudé, il fe noya lui-même. Ici j'avoue que ni l'une, ni l'autre de ces opinions ne me femble digne de foi. Il n'étoit pas au pouvoir de Romulus d'exciter des tempêtes, ni de fe fouftraire aux yeux de fon armée par le moyen d'un nuage ; & fort difficile aux Sénateurs de le faire mourir en le tirant d'une fi grande compagnie, fans que quelqu'un s'en apperçût. Mais quoiqu'il en foit il mourut, &

Julius Proculus voyant le peuple émû de cette mort inopinée y accourut, & dit, qu'il avoit vû Romulus monter au ciel, & qu'il lui avoit commandé de dire qu'il souhaitoit d'être nommé le Dieu Quirin.

(21) *Les Athées tiennent que Moyse s'ensevelit en quelque précipice, pour être puis après élevé dans les cieux par les Israëlites.* Il n'y a que les impies qui ayent des pensées si injurieuses à la foi, que nous devons aux Ecrits Canoniques de la Sainte Ecriture. Les personnes pieuses en parlent autrement, & croyent pour une chose indubitable que Dieu eut soin de cacher la sépulture de Moyse, pour empêcher que les Israëlites ne l'idolâtrassent. Mais, à mon avis, il ne sera pas hors de propos de montrer ici en quoi Romulus a été semblable à Moyse : Il furent tous deux exposés à la merci d'un fleuve, peu de jours après leur naissance ; Moyse pour éviter la tyrannie de Pharaon, & Romulus pour éviter celle d'Amulius son grand oncle, & furent tous deux sauvés par un grand bonheur. Moyse passa le tems de sa jeunesse sous l'habit de berger ; & Romulus fut élevé dans une cabane parmi les Pasteurs. Moyse causa la mort de Pharaon, & Amulius fut tué de la main de Romule. Ils furent tous deux conducteurs de peuples, ins-

rituteurs de Sénat & inventeurs de Loix.
Et s'ils eurent tant de reſſemblance pendant leur vie, ils n'en manquerent pas en
la fin de leurs jours. Dieu enleva Moyſe
aux yeux des Iſraëlites, le conduiſit en
une montagne, le fit mourir, & l'enſeve-
lit avec tant de ſecret, que jamais l'on n'a
ſçû ce que ſon corps étoit devenu. Romule fut ſouſtrait aux yeux des Romains, mené en un lieu ſolitaire, tué par les Sénateurs, & ſa ſépulture fût tellement ca-
chée, qu'on ne put jamais ſçavoir où elle
étoit. En ceci deux cauſes tout-à-fait différentes produiſirent un même effet à di-
verſes fins. Dieu ne permit point qu'on
ſçût où le corps de Moyſe repoſoit, de
peur qu'il ne fût adoré ; & le Diable déſirant augmenter l'idolâtrie parmi les Romains, cacha Romulus & empêcha qu'on
ne trouvât ſes os. Enfin l'un ne fut pas
adoré parce qu'on ne le trouva point, &
l'autre fut adoré parce qu'on ne pût point
ſçavoir où il étoit.

(22) *Hercule choiſit juſtement l'heure
de l'apparition d'une Comete pour ſe mettre ſur le bûcher où il vouloit finir ſes
jours.* Ceci ſemble ſujet à caution. Car bien
qu'on accorde au ſieur Naudé qu'Hercule
ait été grand Aſtronome ; on ne lui accor-
dera jamais qu'il ait ſcû le tems de l'appa-

rition d'une Comete. Perſonne ne peut ſçavoir par le cours des Aſtres, le tems préfix auquel les Cometes doivent paroître ſur notre Hémiſphere. Ce ſont des météores que les rayons du ſoleil élevent en l'air, & qu'ils y allument par la même vertu, quand la matiere en a reçû la derniere diſpoſition. Mais comme elles n'ont point de cauſe déterminée, il eſt impoſſible de les prévoir par une ſcience naturelle. Auſſi ne trouve-t-on jamais dans les Almanachs que les Aſtrologues les prédiſent, comme ils font les Eclipſes du Soleil & de la Lune. Tellement qu'on ne peut point aſſûrer avec fondement qu'Hercule ait prévû la Comete, qui parut lorſqu'il ſe mit ſur le bûcher; & que ſi ſa mort avint lorſqu'une Comete menaça la terre de quelque malheur, ce fut par un cas fortuit & inconnu à Hercule, comme aux autres hommes.

(23) *Les plus modeſtes ſe ſont contentés de nous donner à connoître le ſoin que les Dieux prenoient de leurs perſonnes, &c. Entre les Anciens, Socrate, &c. & parmi les Modernes, Pic de la Mirandole.* Je ſçai qu'au moins une partie de ces grands hommes tâcherent de perſuader à ceux qui vivoient de leur tems, qu'ils avoient une particuliere communication avec de

certains

certains Génies. Je ne parlerai pourtant que d'un des Anciens, & d'un des Modernes. L'ancien sera Socrate, & le moderne Savanarolla. Socrate, Philosophe Athenien, ayant le premier laissé la philosophie naturelle, pour s'adonner à la morale, fut estimé par l'Oracle, le plus sage des humains. Aussi fut-il la fontaine d'où les Philosophes anciens puiserent toute leur doctrine. Mais sa vertu & son sçavoir n'empêcherent point qu'il ne fut condamné à mort; & le Démon qui lui prédisoit les choses futures, ne l'en avertit point. Frere Hierôme Savanarolla, Dominicain de Ferrare, ayant prêché publiquement à Florence, qu'il sçavoit de science certaine, & par révélation, que Charles VIII. Roi de France passeroit les Monts, & qu'il réformeroit l'Eglise à coups d'épée. Il avint que ce Roi prit les armes, & entra victorieux à Florence, à Rome & ailleurs. Alors le même Savanarolla, qui étoit ravi de la venue du Roi, lui alla faire la révérence, & lui dit avec beaucoup d'assûrance, que Dieu l'avoit conduit en Italie pour réformer l'Eglise & châtier les Tyrans, qu'il seroit heureux au-delà même de son espérance, s'il exécutoit la volonté du Tout-puissant, & que Dieu le puniroit, s'il manquoit à son devoir. Tout le monde croyoit que ces

Tome I. Q

paroles auroient touché le cœur du Roi; mais étant jeune & de peu d'expérience, il pensa à d'autres chofes, & fans avoir fongé férieufement à ce que Savanarolla lui avoit dit de la part de Dieu, il revint en France. Ce Roi étant en chemin pour retourner en fon Royaume, Frere Hierôme le vit, lui reprocha hardiment de n'avoir pas obéï à la volonté du Seigneur, & l'affûra que pour ce fujet, il recevroit un coup de verge, & qu'il auroit une grande affliction. Que pour ce qui regardoit fes ennemis, ils le combattroient en fon retour, mais il demeureroit victorieux, & rien ne le pourroit empêcher de retourner en France. Cette prédiction eût fon effet; le Roi fut attaqué à Fornove, & bien qu'il eût les trois quarts moins de forces que fon ennemi, il obtint la victoire, & paffa glorieufement avec peu de perte. Le Roi étant en France, Savanarolla continua fes fermons, & affûra que Sa Majefté reviendroit en Italie pour faire ce que Dieu avoit ordonné. Ce difcours fâchoit tous les Italiens, & enfin plufieurs ennemis de Frere Hierôme entrerent au Sénat de Florence, qui fe changeoit alors tous les deux mois. Et ceux-ci encouragés par les lettres du Pape, & du Duc de Milan, firent brûler le pauvre Savanarolla, & deux autres Religieux de fon Ordre, l'an 1498. Le Seigneur d'Argenton, qui écrit ceci, & qui parla plufieurs fois à lui, dit qu'il étoit homme de bien, qu'il avoit vû plufieurs de fes lettres écrites au Roi, & qu'il ne le veut ni accufer ni excufer. S'il étoit permis d'ajouter mon fentiment à celui de ce grand homme, je dirois que Frere Hierôme defiroit extrêmement de voir l'Eglife en meilleur état, & que ce defir véhément lui faifoit efpérer que le Roi Charles employeroit fon pouvoir à cette glorieufe fin, & il fut trompé dans fon efpérance.

(24) *Si nous n'aimions mieux dire que tous ces Meffieurs ont joué de l'impofture.* Il y a tant d'impofteurs au monde, que ce feroit témerité de vouloir affûrer que tous ceux de qui M. Naudé fait mention en ce lieu ici, ayent été finceres. Les hommes aiment à tromper, & à être trompés, au moins quand ils veulent perfuader qu'ils font quelque chofe au-delà de ce qu'ils font en effet. Ceux qui ne peuvent acquerir de l'eftime en gouvernant le monde, tâchent d'en acquerir en le méprifant ; les Monafteres font pleins de perfonnes ambitieufes, qui n'ayant pas pû obtenir des honneurs en méritant des charges relevées, tâchent de les obtenir en faifant femblant de leur tourner le dos. Ceux qui

n'ont pas pû perſuader aux hommes qu'ils étoient enfans de quelque divinité, ont entrepris de leur perſuader qu'ils avoient l'honneur de les converſer, & de communiquer familierement avec elles. Ces impoſtures ſont auſſi anciennes que le monde, & ne s'acheveront point qu'il ne retourne en ſon premier chaos. Heureux celui qui ſçait diſtinguer le vrai du faux, & les fourbes de la ſincerité.

(25) *Quoique c'en ſoit on peut remarquer que ces ruſes n'ont pas toujours été inutiles.* Si les ruſes n'ont pas toujours été inutiles, elles n'ont pas auſſi toujours bien réuſſi. L'hiſtoire nous apprend qu'Amedée premier, Duc de Savoye, n'étant pas content de l'honneur qu'il avoit de poſſéder une Principauté très-conſidérable, recula pour mieux ſauter ; ſe fit Hermite, & fut tiré de ſon hermitage pour être couronné d'une triple thiare. Peu après ce grand honneur lui ſembla inſupportable, il ſe repentit d'avoir changé d'état, & retourna à Ripaille, lieu de ſa ſolitude. Sebaſtien Roi de Portugal, ou un affronteur qui ſe diſoit tel, ſe préſenta au Sénat de Veniſe, & ſe fiant à la reſſemblance, qui étoit entre lui & ce miſérable Roi, il demanda d'être oui, le Sénat le vit, l'ouit, l'interrogea de l'état de ſon Royaume, &

d'autres chofes importantes, à quoi il répondit avec tant de hardieffe qu'il fut tenu
des uns pour le vrai Roi Sebaftien, & des
autres pour un Magicien. Il fut néanmoins
mis en prifon, à la requête de l'Ambaffadeur d'Efpagne. Pendant la prifon de ce
malheureux, le Sénat confronta ce qu'il
avoit dit à ce qui étoit dans les Archives
de Saint Marc, & ayant trouvé que l'un
étoit conforme à l'autre & que le prifonnier avoit dix-fept marques fur fon corps,
qui avoient été fur celui du véritable Roi
Sebaftien, on lui commanda de fortir de
l'Etat de Venife dans trois jours, à peine
de la vie. Enfin ce pauvre homme fut arrêté fur les terres du grand Duc de Tofcane, & conduit à Naples, où le Comte
de Lemos le fit condamner aux Galeres.

(26) *Tacite dit que Vefpafien étoit
fort artificieux à donner du luftre à tout
ce qu'il faifoit, & à tout ce qu'il difoit.*
Encore que l'on ne puiffe point donner de
régle générale aux actions & aux paroles
des Princes ; il eft certain qu'elles doivent
être différentes de celles des particuliers.
Il feroit mal féant à un Prince de badiner
à tout propos, & à un Souverain d'avoir
des penfées ravalées. Son habit même doit
prêcher fa vertu, & donner de la réveren-
ce à fes fujets. Il doit pourtant prendre gar-

de d'innover peu, ou rien aux honnêtes
façons de faire de ſes ancêtres. Les François verroient mal volontiers que leur
Roi imitât celui d'Eſpagne, qui ne ſe laiſſe voir qu'aux bonnes fêtes, & qui fait
ſouhaiter long tems l'honneur de ſa pré-
ſence aux principaux Seigneurs de ſes
Etats. Il doit toutefois prendre garde que
M. de Thou blâme le Roi Henri III. de
s'être communiqué trop familierement à
toute ſorte de perſonnes. Et Ammian Mar-
cellin aſſûre que l'Empereur Julien étoit trop
populaire. Le Souverain donc aura ſoin
d'imiter Henri le Grand, Roi de France,
qui pour acquerir l'amour de ſes ſerviteurs, uſoit avec eux d'une ſinguliere
douceur & affabilité; & pour conſerver le
reſpect qu'ils lui devoient, leur faiſoit
connoître à tout bout de champ, qu'il étoit
véritablement Roi. L'on dit que Frideric
premier, Roi de Dannemarc, quittoit par
fois la ſplendeur de Sa Majeſté, paſſoit le
tems avec ſes principaux amis & ſerviteurs
avec une liberté fraternelle. Mais quand
il croyoit qu'il en étoit tems, il reprenoit
ſon premier train & diſoit à ſes amis;
Meſſieurs, c'eſt aſſez folâtré, voici le Roi
qui revient. Et par ce moyen il ſe faiſoit
aimer & eſtimer de tous ceux qui avoient
l'honneur de le voir, & de le converſer.

(27) *L'on pourroit faire plus de re-marques ſur le gouvernement particulier des hommes.* Il n'y a point d'ambitieux qui ne forme en ſon eſprit les régles qu'il veut ſuivre, & les maximes qu'il deſire d'ob-ſerver, & qui ne les change ſelon les oc-caſions. Le Prélat ruſé, lequel deſirant de s'avancer aux plus relevées dignités de l'E-gliſe, vivoit au pain & à l'eau; & quand il étoit enquis de ce qui l'obligeoit à vi-vre ſi pauvrement, il répondoit. *Panis & aqua vita beata.* Et quand il eut acquis ce qu'il ſouhaitoit, il changea de langage & dit : *aqua & panis vita Canis.* Un au-tre qui fut auſſi heureux que celui-là, crût qu'il n'y avoit point de danger de tromper ſon Maître pour acquerir les bonnes gra-ces d'un grand Roi. Ces graces lui ouvri-rent le chemin d'une fortune très-émi-nente. Mais il falloit uſer d'adreſſe ; il s'abaiſſa donc audeſſous de ſa qualité, pour s'élever au-deſſus de celle de ſes égaux. Et ſe trouvant au plus haut de la roue de la fortune, il ſe fit adorer de ceux à qui il avoit baiſé les pieds. D'autres qui ne ſont pas devenus ſi grands, & qui pour-tant de rien ſe ſont élevés à un dégré con-ſidérable, ont uſé de fineſſe, & ſouvent pour tromper un ennemi, ils ont fauſſé leur foi aux meilleurs amis. Il faudroit

avoit été toute fa vie dans un hermitage; pour ne pas fçavoir mille exemples de cette vérité. Et parce que les moindres hommes ont quelque fubtilité pour avancer leurs affaires, il n'eft pas befoin d'en difcourir davantage.

(28) *Je me contenterai de remarquer quelques fecrets de ceux qui ont été pratiqués pour reprimer l'impudicité des femmes.* L'on entreprendroit un ouvrage de trop logue haleine, fi l'on vouloit parler de tous les détours dont l'on ufe dans les ménages. Pour cette caufe je trouve que M. Naudé a bien fait de s'arrêter à ce qu'il y a de plus chatouilleux & de plus commun. Il arrive fouvent que les plus honnêtes hommes, & les plus dignes de l'amour de leurs femmes en font trompés. Mais ce n'eft pas auffi une chofe rare que de voir les hommes aller au change, & porter ailleurs ce qui eft légitimement dû à leurs confortes. Les contes qu'on voit fur cette matiere dans les livres, font par fois ridicules, & par fois auffi extrêmement tragiques. Louis Ariofte, en fon Roland le furieux, parle d'un Roi de Lombardie, qui étoit le plus bel homme de fon tems, & d'un Bourgeois Romain, qui lui cédoit fort peu en beauté & en bonne grace. Ces deux perfonnages inégaux en condition,

condition , fe trouverent égaux en ce que leurs femmes les convertirent en cerfs ; & ils s'en confolerent par la réfolution qu'ils prirent de traiter d'autres hommes comme ils avoient été traités. Un Comte François , de qui les terres font fur le bord de la Loire , en ufa autrement. Ce Seigneur ayant appris que le plus vaillant Cavalier qui portât l'épée , voyoit fa femme trop familierement , chercha & trouva l'occafion de s'en venger. A ces fins il acquit tous les domeftiques de fa femme , & le galand étant avec elle , il entra dans fa chambre fi bien accompagné , que le larron de fon honneur fut contraint de fe jetter par une fenêtre , & demeura pendu à un treillis , où il mourut miférablement. Un Confeiller du Parlement de Grenoble étant affuré que fa femme lui jouoit à fauffe compagnie , & qu'elle aimoit mieux un Avocat que lui , fit femblant d'avoir des affaires à Paris , fe prépara au départ , prit congé de fes amis , & après la premiere pofte il retourna fur fes pas , trouva le galand avec fa bonne amie , & les tua tous deux. Les Efpagnols font cent contes de cette forte , & entr'autre qu'une Dame de condition demanda à leur Roi , fi la loi qui permet au mari de tuer fa femme quand il la furprend en adultere , ne don-

noit pas à la femme le pouvoir de tuer
fon mari en pareil cas ; le Roi répondit
que l'obligation étant mutuelle, la peine
devoit être égale. Alors cette héroïne fortit de la ville accompagnée de quelques
efclaves, à qui elle promit la liberté pourvû qu'ils la ferviffent bien en cette rencontre. Et ayant trouvé fon mari avec une
amante, elle leur ôta à tous deux le moyen
de lui faire tort en leur ôtant la vie.

(29) *Celui de la mule qui fût huit jours
fans boire.* Le fecret d'œconomie que M.
Naudé touche ici, peut être pratiqué par
tous ceux qui demeurent près d'un grand
fleuve. Et tous les contes de cette nature
doivent être vrais, ou vraifemblables. Mais
celui du Médecin qui fit tant de bruit
pour avoir fujet de faire paffer à fa femme
l'envie qu'elle pouvoit avoir d'aller au
change, ne peut être mis en pratique que
par ceux de la même profeffion ; pour ce
qui concerne celui de la mule, l'on dit
qu'un bon compagnon qui vouloit fe défaire d'une perfonne qui lui étoit à charge,
fit demeurer huit jours fans boire une mule qu'il avoit. Puis careffant fa femme
plus que de coutume, lui offrit de s'aller
ré,ouir avec elle en une métairie qu'il
avoit. La femme y confentit ; le galand
étant monté fur une mule, fit mettre fa

femme fur celle qui avoit grand foif,
& il la mena aux champs par un chemin
qui aboutiffoit au Rhône. La mule qui
vit l'eau, fe jetta dedans à corps perdu,
fans que la femme l'en pût empêcher.
Alors ou la rapidité du fleuve, ou la peur
que cette pauvre malheureufe eut, lui fit
oublier de fe bien tenir, abandonna la
mule, le courant l'emporta, & elle bût
tant qu'elle perdit avec la vie, l'envie
qu'elle pouvoit avoir eu d'aimer plus un
autre que fon mari.

(30) *Mais le fecret que pratiquerent les
Chinois fut beaucoup plus gentil.* Sans
mentir c'eft mal remédier à un dommage, que de s'en procurer un plus grand,
& c'eft ce que les Chinois firent en cette
rencontre. M. Naudé nous affure que pour
fixer le mercure que les femmes de la Chine avoient dans les pieds, ils firent femblant de n'eftimer aucune beauté égale à
celle d'avoir les pieds petits & mignons ;
& que cela fut caufe que les meres rendirent leurs filles incapables de fortir feu-
les de leurs logis. Encore qu'il foit difficile de fe perfuader qu'une mere veuille
eftropier fes enfans, pour les rendre ai-
mables, je veux croire que les Chinoi-
fes lierent fi étroitement les pieds de leurs
filles, qu'elles en font tellement incom-

modées, qu'elles ne peuvent presque point
marcher. Mais, à dire le vrai, je ne vois
pas quel profit le public, ni même le par-
culier peut recevoir de la difficulté que
le sexe féminin a de marcher. Les Dames peuvent aussi bien trouver des galans
en leurs logis qu'ailleurs ; & il n'est pas
nécessaire de courir bien loin pour trouver le moyen de rendre un mari cornard.
Au contraire j'estime que le remede que
les Chinois ont cherché pour s'empêcher
de porter des cornes, leur en a procuré
de plus infâmes ; une femme qui ne veut
point être chaste, ne le devient pas en évi-
tant la compagnie des honnêtes gens ; &
je me persuade que celles qui ont envie
de passer le tems, le font avec un valet
quand la commodité d'un plus honnête
homme leur manque. D'ailleurs une femme qui a perdu l'usage des pieds, a perdu
quant & quant le moyen d'être utile à son
mari en la conduite de son ménage, &
ne peut contribuer que bien peu de chose
à l'avancement de sa famille. Je pourrois
ajouter à tout cela qu'elles font moins capables de porter des enfans, de les nourir, & de les élever, & que pour cette
cause l'on peut assurer que l'appetisse-
ment des pieds des Chinoises apporte plus
de dommage que de profit à leurs maris,

(31) *De même que les Dames Véni-*
tiennes font forcées de garder la maifon
par l'ufage de leurs grands patins. Il eft
vrai que les Nobles Vénitiennes voulant
paroître d'une taille extraordinairement
grande, ont porté durant plufieurs fiécles
des patins d'une hauteur qui les empêchoit
de marcher à leur aife. Mais l'on ne fçait
pas fi c'étoit par ordre de leurs maris, &
pour les détourner du chemin qui conduit
les hommes à Cornuaille. Les promena-
des des Dames de Venife ne fe font point
à pied, & quand elles veulent vifiter leurs
amies, elles vont en Gondole. Ceux qui
on vû ce miracle des villes, & qui fça-
vent fon incomparable fituation, croiront
aifément que pour y faire l'amour, il n'eft
pas befoin de marcher beaucoup ni d'aller
bien loin. D'ailleurs elles ne portent plus
les patins incommodes dont le fieur Naudé parle ici : elle vont toutes habillées à la
Françoife ; & felon toutes les apparences
elles auront bien-tôt plus de liberté qu'elles n'en avoient ci-devant. Je la leur fouhaite, me perfuadant que l'honneur des
Dames fe conferve mieux par l'amour
qu'elles portent à la vertu, que par la ja-
loufie des maris, par les cadenats, & par
la prifon perpétuelle qu'ils leur font fouffrir. En effet le beau fexe n'eft pas moins

vertueux, & même j'ofe affurer que les Dames font plus chaftes en Allemagne, en France & ailleurs, où elles ont une honnête liberté, qu'en Italie & en Efpagne, où elles font tyrannifées fans fujet. C'eft donc un mauvais fecret d'œconomie, d'eftropier les filles en leur enfance, ou de leur ôter l'ufage des pieds par d'horribles patins, quand elles font nubiles & mariées, pour les contenir dans leur devoir.

(32) *Ce que Moquet écrit des Caribes fent beaucoup mieux fon coup d'Etat.* Quand ce feroit un coup d'Etat, que d'obliger les femmes de fe jetter dans un brafier après la mort de leurs maris : il me femble qu'on ne le devroit pas prendre pour tel, entre les peuples qui n'ont rien d'humain que le vifage. Tels font fans doute les Caribes ou Canibares, miférables Antropophages, qui font gloire de manger leurs ennemis & de boire dans le crâne de leur tête ; au refte je me fouviens d'avoir lû que quand l'Incas, qui eft Roi du Perou & de quelqu'autres provinces du nouveau Monde, meurt, on tue fes femmes & fes plus fidéles ferviteurs, afin qu'ils l'aillent fervir en l'autre monde, croyant qu'il en a encore befoin. Mais j'ai vû dans un pays qui n'eft pas fort éloigné de celui-là, une femme Chrétienne, qui

au lieu de fe faire mourir après la mor.
de fon mari , fit prier un galand qu'elle
avoit eu pendant la vie du défunt , de la
venir voit ; & en même tems elle eut dans
fon logis un mari mort & un autre vivant,
car elle époufa ce dernier peu de jours
après. En la Chrétienté plufieurs Dames
d'honneur meurent au monde , quand
Dieu appelle leurs maris , & paffent volontairement les années qui leur reftent
dans une pieufe viduité , fans qu'il foit
befoin de faire une loi pour cela. Il arrive
même rarement que les plus impudiques
contribuent à la mort de leurs maris. Tellement que les Chrétiens ne peuvent permettre , ni comme coup d'Etat , ni comme
coup de défefpoir , que les femmes s'en-
feveliffent vives , ni qu'elles avancent leur
mort pour être l'objet de leur amour.

(33) *Denys Tyran de Syracufe fe con-*
tenta d'introduire l'impunité pour les
voleries qui fe commettoient la nuit. Tous
les Tyrans font enclins à faire des coups
d'Etat ; mais j'ai de la peine à me perfuader que la permiffion tacite de Denys de
Syracufe , puiffe fervir d'exemple aux peuple civilifés. L'on peut empêcher les affemblées nocturnes , quand elles font fufpectes fans permettre les vols. Jamais un bon
Souverain ne verra avec plaifir l'infolen-

ce des méchants garnemens : & dans les Etats bien policés, le Magiſtrat s'eſtime heureux quand il voit que le peuple peut aller ſans danger de nuit & de jour dans tous les endroits de ſon obéïſſance. Paris qui avoit ci-devant le malheur de voir des corps étendus ſur le pavé, parce que ceux qui avoient été tués s'étoient trouvés trop tard dans les rues, eſt maintenant délivré de cet inconvenient. Et je demanderois volontiers à M. Naudé, ſi ce n'eſt pas un plus illuſtre coup d'Etat, d'avoir réduit les filoux à leur devoir, & empêché leurs voleries, que de leur permettre d'égorger ou de piller ceux qui ſe trouvent par les rues après le ſoleil couché, ſoit pour leurs affaires ou pour leur divertiſſement. Sans mentir les perſonnes raiſonnables loueront toujours Louis, Dieu donné, pour le bon ordre qu'il a mis dans tout ſon Royaume, & pour avoir exterminé les garnemens qui troubloient la liberté de ceux qui alloient de nuit par Paris.

(34) *Les Républiques de Grece défendirent aux Marchands de poiſſon de s'aſſeoir en vendant leur marchandiſe.* Bien que la Grece ait été l'inventrice des Arts & des Sciences, je ne crois pas qu'elle ait réuſſi au deſſein qu'elle avoit de faire manger le poiſſon frais & à bon marché. L'on

pourroit trouver des moyens moins vio-
lens & plus utiles. Et je crois que si en
nos jours l'on vouloit obliger les poisson-
nieres de Paris & d'Amsterdam à demeurer debout jusqu'à l'entiere vente de leur
marchandise, elles renonceroient bien-tôt
à leur métier. Les acheteurs sçachant l'Ordonnance du Magistrat, ne viendroient
que bien tard au marché, & l'ordre qu'on
croiroit avoir mis, étant utile aux acheteurs, ruineroit les vendeurs. La bonne
police regarde à l'équité, & ne favorise
personne aux dépens de son prochain. Il
faut que l'acheteur & le vendeur trouvent
leur compte en l'exécution d'une loi pour
qu'elle soit approuvée généralement, &
cela ne peut pas être, si l'on observe l'ordre des Républiques de Grece dont M.
Naudé parle en ce lieu ici. L'on pourroit dire la même chose de la violence
qu'on exerçoit en France, il y a quelques
années, pour empêcher que les habitans
des frontieres du pays de franc-Salé, ne
fissent couler de leur sel chez leurs voisins.
Car l'on obligeoit les Bourgeois à prendre
du sel des Fermiers contre leur volonté,
& l'on usoit d'une violence insupportable,
au détriment des Bourgeois seulement
pour la commodité de quelques sangsues.

(35) *Les Romains défendoient aux*

Prêtres de Jupiter de monter à cheval, de peur que le Service Divin ne fut négligé. Le Magiftrat ne fçauroit mieux employer fa peine que quand il témoigne un zéle ardent à la conſervation du Culte divin ; & fi les anciens Romains empêchoient par un coup d'Etat politique, que les Prêtres de leurs faux Dieux ne montaſſent à cheval pour s'éloigner de la ville ; les nouveaux pourroient par un coup d'Etat chrétien, & beaucoup plus raiſonnable, empêcher que les Prélats n'entraſſent en caroſſe pour s'éloigner de leur troupeau. Peu de Paſteurs ont foin de leurs brebis, & les plus grands bénéfices qui obligent à réſidence, font les plus mal fervis. Plus les Prélats font riches, moins rendent-ils de fervice à leurs Egliſes ; & en Allemagne, où les Evêques font auſſi fouverains que les Princes Electeurs, l'on a le malheur de voir les richeſſes de l'Egliſe très-mal employées. Mais d'autant que ces Prélats font abſolus Seigneurs de leur Etat, il y a peu, ou point d'apparence qu'on y apporte du remede.

(36) *Pour remédier à la confuſion des caroſſes de Paris, il faudroit confifquer ceux que l'on trouveroit avec moins de cinq perfonnes.* L'on ſe pourroit mieux paſſer de caroſſes à Paris, que de gondoles

à Venife, à caufes de la fituation de ces deux grandes villes. Je crois toutefois qu'il n'y a pas moins de carroffes en la premiere, que de gondoles en la feconde. J'ai oui dire aux plus curieux des hommes, j'entends les Jéfuites, qu'il y a dix-huit mille carroffes dans Paris, & que plufieurs qui les font rouler s'en pourroient bien paffer ; peut-être ces bons Peres fe font-ils trompés en leur calcul ; mais il eft certain que le trop grand ufage des carroffes caufe fouvent de l'embarras, & qu'il feroit à fouhaiter qu'il y en eût moins. Pour le remede dont parle M. Naudé, j'avoue qu'étant mis en pratique, plufieurs perfonnes qui fe font traîner en caroffe demeureroient en leur logis, ou feroient obligées d'y faire entrer leurs valets & leurs fervantes, pour fe fouftraire à la rigueur de la loi. Il me femble pourtant que le Roi pourroit remédier à ce mal avec plus de facilité, s'il témoignoit aux jeunes Seigneurs & Gentilshommes, que Sa Majefté les verroit plus volontiers fur un beau genet d'Efpagne, ou fur un fuperbe courfier de Naples, qu'affis dans un carroffe, ou dans une chaife comme des femmes. Ce remede porteroit un double profit, puifque par ce moyen chacun épargneroit les frais de deux ou trois bouches inutiles, & fe tiendroit en état de fervir au premier commandement qu'il en pourroit recevoir.

(37) *Il feroit facile d'augmenter le nombre de femblables exemples.* Tous les tems & toutes les Républiques fourniffent des exemples d'œconomie, qui toutefois ne peuvent pas fe pratiquer également par tout. Et ce qui eft utile en un pays pourroit être nuifible en un autre. Les Marfeillois défendent de porter du vin à leur ville, à peine de voir confumer par le feu le navire qui le porteroit ; les Efpagnols au contraire reçoivent agréablement leurs ennemis mêmes, quand ils apportent du bled, de la toile & des cordage en leur pays. Le Sénat de Venife employe des fommes immenfes pour avoir & conferver l'abondance des vivres dans fa Ville Capitale. Et les François s'efforcent de toute leur induftrie de tranfporter leur grain & leur vin aux pays étrangers. La Hollande qui n'auroit pas de quoi nourir les valets & les fervantes du pays, s'il ne recevoit en grande abondance ce que les étrangers ont de trop, court toutes les mers, & fans que le public s'en mêle, le foin des particuliers ne la laiffe manquer d'aucune chofe ; l'Electeur de Baviere, fçachant que l'Archevêque de Saltzbourg

ne peut débiter fon fel, finon en le tranf-
portant par les terres de fon Alteffe Electorale, il lui en fait tellement payer la permiffion qu'il en a pour le moins autant
de profit que l'Archevêque. Enfin il n'y a
perfonne qui ne fonge aux moyens, ou de
s'enrichir, ou de fe conferver, témoin
les peages que l'on voit par tout. Et M.
Naudé a raifon de dire qu'il feroit aifé
d'augmenter le nombre de femblables
exemples.

(38) *Pour paffer de ce fecond dégré au troifiéme, qui eft celui de la politique & du gouvernement des peuples, &c.* Le fieur Naudé ayant pour but principal en ce Traité la confidération des coups d'Etat, il s'eft propofé d'expliquer plus exactement ce qui regarde la police, que ce qui con-cerne l'œconomie. Pour cette caufe auffi promet-il de ne rien laiffer à dire de tout ce qui peut fervir à fon éclairciffement, & fait remarquer trois chofes; la premiere eft la fcience générale de l'établiffement & confervation des Etats & Empires. La feconde eft proprement ce que les Fran-çois appellent maximes d'Etat. Et la troi-fiéme eft ce que le même Naudé appelle coups d'Etat. Il ne s'arrête pas beaucoup fur les deux premieres, parce qu'elles font traitées plus au long par les autres

politiques , & s'efforce d'expliquer les coups d'Etat, & d'en montrer la néceffité & la juftice. Pour moi je fuivrai le train que j'ai commencé, & confidérerai quelques maximes & quelques mots qu'il avance par-ci par-là, pour les éclaircir & les rendre plus intelligibles , & quelquefois auffi pour faire remarquer le danger qu'il y auroit d'imiter les exemples qu'il propofe, qui en effet femblent tyranniques, quoiqu'il s'efforce de les excufer.

(39) *Elle confifte en certaines régles reçûes univerfellement ; par exemple, que les chofes n'arrivent pas fortuitement, qu'il y a un Dieu, &c.* La fcience dont M. Naudé parle ici, confifte en certaines régles approuvées de tous & aufquelles perfonne ne fe peut oppofer. Mais parce que le deftin des anciens Payens ne trouve plus de lieu parmi les Chrétiens, il n'eft pas fort néceffaire de parler ici de la liberté dont le Tout-puiffant Créateur & Recteur de l'univers, ufe en la conduite des Etats. Cette matiere me femble plus théologique que politique, & la laiffant à ceux qui enfeignent aux hommes le véritable moyen de connoître Dieu par fa parole, je paffe à la connoiffance qu'il nous donne de fa divinité, en la confervation , aux changemens , & en la ruine des Républi-

ques. Et sans mentir, les personnes d'esprit qui considérent attentivement les formes des Etats, y voyent le doigt de Dieu si fortement empreint, qu'ils s'étonnent qu'il y puisse avoir des athées au monde. C'est un miracle perpetuel & une marque toute visible de l'assistance divine, qu'un homme seul en gouverne plusieurs millions, & que par fois un enfant, ou un malade de son berceau & de son lit, fasse trembler les plus résolus, & retienne les insolens sous l'obéissance des loix. J'ose passer encore plus outre ; car nous avons vû des Princes haïs de leurs sujets, & méprisés des soldats qui avoient la garde de leurs personnes, obéïs avec toute sorte d'exactitude, & mourir de vieillesse. Qui est-ce donc qui cause ce respect, & qui retient les peuples dans leur devoir ? Certainement ce n'est pas le Prince qui est haï & méprisé. C'est donc quelque chose de plus grand qui étant invisible en son essence, est très-visible par ses opérations. Personne que Dieu ne conserva la France, au tems de Charles le Simple, de Jean premier, de Charles IX. & de Henri III. Et ce fut plus par sa grace que par les armes victorieuses de Henri le Grand, qu'elle se remit en sa premiere vigueur sous le régne de ce glorieux Prince. Le Portugal a changé de Maître en nos jours , & afin que tout le monde vit que Dieu en étoit l'auteur , ce changement avint par le moyen de Jean Duc de Bragance , qui étoit incapable d'une affaire de fi grande importance ; & tout-à-fait inégal en fubtilité d'efprit à Dom Gafpar de Gufman , Favori du Roi Philippe IV. qui le vouloit détruire. Peu de perfonnes ruinerent les affaires de Philippe II. au Pays-Bas , & obligerent ce Salomon de fon fiécle , de confeffer que fa prudence devoit céder à la volonté divine. Il feroit aifé d'apporter ici cent autres exemples , fi ce que je viens de dire ne fuffifoit pour montrer que Dieu éleve , conferve & ruine les États quand & comme bon lui femble.

(40) *Les uns doivent commander, les autres obéïr.* L'ordre eft l'ame de l'univers, & comme l'égalité le ruineroit , l'inégalité le conferve. Les bêtes ont leurs Rois ; & l'on dit que le Turc Bajazet fit tuer deux faucons , parce qu'ils avoient eu la hardieffe de combattre un aigle , difant qu'ils le devroient avoir refpecté comme leur fouverain. Parmi les hommes , l'on ne fçauroit rien trouver de fi fâcheux que l'égalité de condition , de pouvoir & de richeffe. Si les hommes étoient auffi nobles , auffi forts & auffi riches les uns que

les

les autres, les Etats périroient, & chacun voulant être maître, tout le monde feroit valet de fes paffions. De même que le globe terreftre eft compofé de montagnes & de vallées ; auffi les Royaumes font compofés de Princes & de Sujets, les Républiques démocratiques mêmes, qui femblent n'avoir que des perfonnes égales, doivent élire des Magiftrats, & fe foumettre à leurs ordonnances pour empêcher les défordres. La plus noble Ariftocratie que nous ayons en Europe, tâche de conferver l'égalité parmi les nobles. Et par un miracle extraordinaire, fait qu'il n'y ait point de différence entre deux Gentilshommes, l'un defquels eft riche en Prince, & l'autre pauvre en gueux. Mais tant le riche que le pauvre, doit obéïr au Magiftrat qu'on a élû, pour nous faire avouer, que dans cette Reine des Républiques auffi bien que dans l'Etat Monarchique, les uns doivent commander & les autres obéïr.

(41) *Il eft du devoir d'un homme de bien de défendre l'honneur de fon Dieu, de fon Roi, & de fa patrie envers tous & contre tous.* L'on voit des gens fi impies, fi lâches & fi négligens, qu'ils fe foucient peu de rendre à Dieu, à leur Roi, & à leur patrie ce qu'ils leur doivent. Ceux-là

pourtant ne font pas tous dignes d'une même punition , parce que les uns pêchent par faute de fçavoir , les autres par faute de pouvoir , & les autres enfin par faute de vouloir. Ces derniers font les plus coupables ; & fi les autres ne méritent point de peine , ils méritent beaucoup de blâme. On les peut tous appeller membres pourris de la République. Les gens de bien préférent l'honneur de Dieu à celui de leur Roi , & celui de leur Roi & de leur patrie , à celui de leur propre maifon. Un véritable Chrétien préfére la gloire de Dieu à toute autre chofe , & un véritable Allemand préfére le bien de l'Allemagne à fon honneur, à fes richeffes & à fon bonheur. Voire il croit qu'il n'y a point de plus grande richeffe , ni de plus grand honneur que d'augmenter la gloire & le bonheur de fa patrie , aux dépens de fon bien & de fa vie.

(42) *La principale force du Prince git en l'amour & union de fes fujets.* Ulric le bien-aimé , & Eberhard le pieux Princes de Wirtemberg , pouvoient être eftimés très-puiffans, puifqu'ils pouvoient dormir fans crainte entre les bras de tous leurs fujets. Au contraire ceux-là font toujours foibles , qui pour être en fûreté parmi le peuple que Dieu leur a donné en garde ,

ont beſoin de troupes étrangeres qui environnent leurs perſonnes. L'on a vû des
Princes qui avoient plus de ſoin de
ſe faire craindre, que de ſe faire aimer.
L'on en a vû d'autres qui pleuroient dans
leur ame,& s'affligeoient de cœur lorſqu'il
falloit uſer de violence pour avoir de quoi
fournir aux frais de la guerre. Notre ſiécle
même nous a montré l'exemple d'un grand
Roi qui s'eſtimoit riche, puiſſant & invincible, parce qu'il avoit l'amour de ſes
ſujets, & parce qu'il les traitoit en pere;
& celui d'un premier Miniſtre, qui tiroit
de la bourſe des ſujets de ſon Roi tout ce
qui étoit dedans, & les traitoit en Para-
tre, croyant que quand ils n'auroient
rien, il ſeroit plus aiſé de les tenir dans
l'obéiſſance. Je ne ſçai pas lequel des deux
étoit le plus fort ſelon le ſentiment des
autres hommes, mais ſelon le mien, le premier étoit incomparablement plus grand,
plus ferme & plus aſſûré. L'Allemagne
donc, qui ſçait que l'amour & l'union mutuelle des membres avec le chef, la peut
rendre invincible & redoutable à tout le
monde,& qui voit que l'union ne ſe trouve
point parmi ſes enfans, doit employer toute
ſa force & toute ſon induſtrie pour l'acquerir, d'autant que la principale force du Prince, giſſant en l'amour & union des mem-

bres de l'Etat avec leur chef, l'Empereur &
l'Empire ne feront jamais formidables,
s'ils n'acquierent cet amour & cette union.

(43) *Il a droit de faire des levées d'argent fur fes fujets, pour fubvenir aux
néceffités de la guerre.* Tous les Prines fça-
vent qu'ils ont ce droit, & il feroit à fouhaiter que pas un n'en abufât. L'Angleterre
a vû un Roi, qui ayant fes coffres pleins
d'or, ne pouvoit fe faouler d'en extorquer
de fes fujets, & pour avoir cinquante mille écus que la France lui faifoit payer de
penfion annuelle, il laiffa perdre de belles
occafions d'avancer fes affaires : la France au contraire en a vû un autre, qui ne
laiffant à fes fujets que la langue pour fe
plaindre, n'avoit jamais un fol ; & ruinoit
tout fon Royaume pour enrichir des favoris qu'il avoit toujours en grand nombre.
Il eft donc néceffaire que ceux qui ont
le droit de faire des levées d'argent fur
leurs fujets, ayent foin de les faire rai-
fonnablement, & d'employer leurs finances au bien & au repos de ceux qui les
lui fourniffent. Les fujets font des brebis
qui portent des toifons d'or en faveur de
leurs Princes, pouvû qu'ils ne les faffent
que tondre, & qui par leurs larmes attirent
fur eux la malédiction du Ciel quand ils
les écorchent. Voilà ce que j'avois à dire

fur les maximes que M. Naudé établit fur
la fcience générale de l'établiffement &
confervation des Etats, qui étoit la premiere chofe qu'il vouloit confidérer. Je
paffe à la feconde.

(44) *La feconde eft proprement ce que
les François appellent maximes d'Etat,
& les Italiens Ragione di Stato.* Les maximes & raifons d'Etat font peu différentes
les unes des autres, & s'accordent toutes
en ce qu'elles ont quelque apparence d'injuftice. Les puiffances Souveraines qui s'ac-
commodent du bien des plus foibles, le
font par Raifon d'Etat, & couvrent leurs
plus injuftes actions de ce manteau précieux. C'eft par *Raifon d'Etat*, que le
Tyran de Turquie étend fes frontieres aux
dépens de tous fes voifins indifféremment ;
& les Princes Chrétiens n'en font guere
moins, quand ils en ont quelque commodité favorable. Par cette même *raifon* les
Efpagnols tuerent une infinité d'Indiens,
lorfqu'ils fe rendirent maîtres de l'Amérique, croyant ces faigneés néceffaires à
la confervation de ce grand & riche pays.
Par la même ils fe font faifis de la Navarre en Efpagne, du Marquifat de Final
en Italie, & de plufieurs autres terres
qu'ils y poffedent. La *raifon d'Etat* de la
France n'eft pas beaucoup plus raifonnable

que celle d'Espagne, puisque par cette même raison Charles VIII. se saisit d'Anne de Bretagne, qui avoit épousé par procureur Maximilien premier Roi des Romains, & l'on peut assurer que ce fut plus pour avoir l'héritage, que l'héritiere, puisqu'il avoit déja une Princesse chez lui qui étoit sa fiancée, & dans peu de tems lui devoit être donnée en mariage. Les Anglois envoyerent deux ou trois flottes à la Rochelle pendant les guerres civiles de France, plus par *raison d'Etat* que par zéle de Religion, & cette même raison les obligea de secourir les Belges contre le Roi d'Espagne, lorsqu'ils eurent secoué le joug de l'obéissance. Les Danois prirent les armes par raison d'Etat, pour empêcher que les Suedois ne conquissent la Pologne, qui avoit été attaquée par la même raison. Je pourrois apporter ici cent autres histoires, qui montrent clairement l'injustice de cette raison peu raisonnable. Mais il me suffira de dire que tous les Etats ont des maximes pour s'accroître, & souvent elles font si injustes qu'on auroit bien de la peine à les distinguer du droit de bienséance.

(45) *Les maximes d'Etat ne peuvent être légitimes sinon par la considération de l'utilité publique.* Si la définition que M. Naudé & plusieurs autres devant lui,

ont donné à la *raifon d'Etat* eft receva-
ble, l'exemple de l'Empereur Claudius ne
conviendra point à ce qu'il nous veut perfuader. Ce Prince, dit-il, époufa Agrippine, fille de Germanicus fon frere. Et parce que ce mariage étoit contre le droit des
gens, contre le droit civil & contre le droit
naturel, il eut recours aux loix d'Etat. Je
ne crois pas que la loi qui défend de prendre une niéce en mariage, foit contraire
aux loix de la nature, & au droit des gens.
Car encore que le droit divin, & le droit
civil défendent expreffément ces conjonc-
tions inceftueufes, il n'eft pas affuré que
cette loi s'obferve parmi tous les peuples,
ni qu'elle choque les loix de la nature. Si
cela étoit, les Chrétiens auroient horreur
de ces fortes de mariages ; & Philippe II.
& Philippe IV. Rois d'Efpagne, qui prirent Anne & Marie-Anne ; & Leopold
Empereur des Romains, qui a maintenant
pour conforte Marguerite d'Autriche, fille
de fa fœur, n'auroient pas voulu choquer
la nature en les époufant. Pour ce que
M. Naudé dit que Claudius époufa Julia
Agrippina, fille de fon frere, de peur que
fe mariant en une autre maifon, le fang
des Céfars ne s'étendit en d'autres familles, il me femble que cette raifon a peu de
poids, & moins encore celle qui affure

que c'étoit une femme de qui la fécondité
étoit connuë. Les Souverains les plus jaloux de leur grandeur, donnent leurs filles
à des Princes étrangers, & l'on ne juge
point de la ftérilité ni de la fécondité des
Dames par la vûë feule. Plufieurs perfonnes de belle taille font ftériles, & d'autres qu'on ne croiroit pas telles, deviennent meres de plufieurs beaux enfans. Au
refte l'on pouvoit remédier au premier
fcrupule du fieur Naudé, en faifant une
loi qui exclut les Dames de l'héritage de
leurs parens, comme fait la Salique en
France ; en lui faifant renoncer à la fucceffion, comme l'on a fait en Efpagne,
lorfqu'on a crû que la fécondité des Infantes pourroit nuire à leur Etat. Pour moi je
crois que l'Empereur Claudius étoit amou-
reux d'Agrippine, & qu'il voulut couvrir
cette foibleffe du beau prétexte dont Tacite parle, & que M. Naudé allegue en ce
lieu ici.

(46) *Pour cette même raifon Tibere ne
voulut point donner de mari à Agrippine,
mere de celle dont nous venons de parler.*
L'on voit une infinité de Dames qui meurent dans le célibat, parce qu'elles n'ont
point de bien à porter en dot à leurs maris ;
& au contraire, l'on en a vû qui n'ont
point eu de maris pour avoir eu trop de
bien,

bien. Je ne fçai pas fi c'eft parceque la raifon d'Etat les obligeoit à fuir le mariage, ou parceque leurs parens aimoient trop leur héritage, & pour ne le point perdre, ils faifoient paffer à ces Dames leur jeuneffe dans le célibat, mais les exemples en font affez fréquens. Pour moi je m'imagine que Tibere avoit le même deffein à l'endroit d'Agrippine, & que ce fut la raifon pour laquelle il ne voulut point qu'elle paffât à des fecondes nôces. Il y a peu d'honnêtes gens en Europe qui ne fçachent qu'il y a en France, une Dame du Sang Royal, qui a plus de quarante ans, & n'a point été mariée, bien que plufieurs perfonnes dignes d'elles l'ayent recherchée. Je ne crois pourtant pas qu'elle abhorre le mariage, ni qu'elle n'aimât mieux laiffer fes immenfes richeffes à fes enfans qu'à fes autres parens. Mais l'averfion qu'elle a toujours eu pour les Pays étrangers, ou la raifon d'Etat qui pourroit bien obliger le Roi à ne point fouffrir que fes fujets deviennent trop puiffans, ou pour quelqu'autre raifon qui m'eft inconnue, elle n'eft point mariée, & felon les apparences elle ne le fera jamais. Cette Princeffe poffède la Souveraineté de Dombes, les Duchés de Montpenfier, de Saint Fargeau, & de Châtelleraut, la Principauté de La-Roche-fur-Yon , le Marquifat de Mézieres , les Comtés d'Eu , de Bar-fur-Seine , de Mortain & de Châtillon , la Vicomté d'Auge , de Braffac & de Danfont ; la Baronnie de Beaujolois , de Combrailles , d'Argenton , de Roche-Ville , de Montargis , & quelques autres Seigneuries qui la rendent la plus riche héritiere de France. Elifabeth Reine d'Angleterre , qui fe piquoit fort de préférer la virginité au mariage , témoigna de l'affection à François , Duc d'Alençon , frere du Roi de France , & peut-être l'auroit-elle époufé , fi les Anglois ne l'en euffent détournée par raifon d'Etat. Chriftine , Reine de Suede , ne feroit peut-être pas à Rome , fi les loix de fon Royaume lui euffent permis de prendre qui bon lui auroit femblé. Tellement que fi Tibere ne voulut point donner de mari à Agrippine , d'autres ont eu la même fortune, ou ils n'en ont point voulu , parce qu'elles ne pouvoient pas prendre ceux qui leur agréoient.

(47) *Aucune loi ne permet que nous procurions du mal à celui qui ne nous en a point fait.* Les politiques peu chrétiens ne laiffent pas de faire ce qu'aucune loi ne permet ; & fouvent même ils rendent le mal pour le bien. Chilperic premier de ce nom , Roi de France , ayant

été chassé de ses Etats par sa paillardise,
se retira en Thuringe, où il fut très-bien
reçû par le Roi Bazin, & pour récompense de son bon accueil, il lui enleva sa
femme quand il retourna chez lui. Jean Roi
d'Arragon étant en nécessité, demanda en
prêt à Louis XI. Roi de France, trois cens
mille écus d'or. Celui-ci les lui prêta gé-
néreusement, & peu après Jean fit rebeller la bourgeoisie de Perpignan, qui avoit
été donnée à Louis pour assurance du paye-
ment de cette somme, & par ce moyen
il tâcha de payer d'ingratitude son bienfaiteur. Ferdinand V. fils du même Roi Jean,
fit encore pis que lui. Ce Prince rusé, sçachant que Charles VIII. désiroit de passer
en Italie pour ranger à son obéissance le
Royaume de Naples, qui lui appartenoit,
envoya des Cordeliers en France, traita
avec le Roi, qui lui rendit le Roussillon,
à condition qu'il ne se mêleroit point de la
guerre que Charles alloit entreprendre ; &
au lieu de tenir sa promesse, il fut un
des plus zélés à se liguer contre lui. Jean
Duc de Bragance, s'étant fait Roi de Portugal, envoya des Ambassadeurs en Hollande, pour prier cette République de
vouloir vivre en amitié avec lui, & de faire cesser toutes les hostilités qui avoient
été exercées contre la Couronne de Por-

tugal, tandis que ce Royaume-là obéïſſoit
à Dom Philippe. Il obtint ce qu'il déſi-
roit, & quelque tems après, voyant les
Hollandois endormis ſous cette aſſurance, il les fit attaquer, & les chaſſa de Per-
nambuco qu'ils avoient occupé pendant
le régne de Philippe IV. & gardé plus de
vingt ans avec une extrême dépenſe. Les
Hollandois n'en ont guere mieux uſé avec
la France. Cette Couronne qui a beaucoup contribué à l'établiſſement, & à la
conſervation de leur République naiſſan-
te, les pria d'entrer à la ligue qu'elle fit
conclure l'an 1630. pour la liberté de
l'Allemagne. Les Hollandois y entrerent;
mais ce fut à bonnes enſeignes, car ils
obligerent le Roi Très-Chrétien de leur
fournir une ſomme conſidérable toutes
les années. Et bien qu'aucun des Confé-
derés ne dût faire la paix ſans l'aveu de
tous les autres, ils firent la leur particuliere, au préjudice de tous leurs alliés. Depuis ce tems-là, ils ont ſecouru le Dannemarc contre la Suede qui avoit été long-
tems leur alliée, & ont promis du ſecours
à l'Eſpagne contre la France. Tellement
que tous les peuples font par maxime d'E-
tat, ce qu'ils ne devroient point faire par
maxime de gratitude; & la peur qu'ils ont
que leurs voiſins ne deviennent trop puiſ-

fans, leur fait oublier toutes les régles de l'honnêteté, & peut-être aussi du Christianisme.

(48) *C'est le prétexte duquel se servirent les Etoliens pour obtenir secours du Roi Antiochus.* Le Duc de Rohan montre en son Traité de l'intérêt des Princes, que tous les Souverains de l'Europe doivent avoir soin d'empêcher que le Roi d'Espagne n'opprime celui de France, & qu'il ne devienne trop formidable. Ce n'est pas une chose assurée, que tous les Princes se doivent liguer contre les Espagnols; mais il est très-véritable que les loix de la politique moderne, obligent les Potentats d'employer toute leur industrie pour empêcher que leurs voisins ne deviennent trop puissans. Les petits seront la proye des grands, d'abord que personne ne se pourra opposer à leur violence, & les foibles vivront en sureté, tandis qu'il y aura des puissances égales dans leur voisinage. Pour cette cause, les Princes Italiens sont bien aises de voir que la puissance du Pape, du Roi de Naples & des Vénitiens, est presque égale; & sont assurés de vivre en repos aussi long tems qu'ils les pourront tenir dans l'équilibre. Cette considération pouvoit suffire à leur sureté, si est-ce néanmoins qu'ils ont cherché un autre moyen

de fe défendre de l'ambition de ceux qui les pourroient engloutir. Ces Uliſſes craignant le pouvoir des Eſpagnols, qui égale ſeul celui de toute l'Italie enſemble, au jugement de Trajan Boccalini, ont ſoin de tenir une porte ouverte au ſecours qui leur peut venir de la France. L'on dit auſſi que Maximilien, Electeur de Baviere, fut bien aiſe que les François ſe fuſſent ſaiſis de Briſac, croyant que cette admirable fortereſſe ſeule pouvoit obliger les ambitieux à tenir leurs épées dans le fourreau. Il eſt vrai que l'intérêt de la France exige d'elle de ne point permettre que les Eſpagnols aſſujettiſſent toute l'Italie, ni que les autres voiſins ſoumettent l'Allemagne à leurs loix. Et ſans doute ils haſarderont tout pour empêcher que les ambitieux n'enjambent trop avant ſur les terres de leurs voiſins. Les autres Princes en feront de même, pour empêcher que la France n'étende ſes frontieres au-delà des bornes de la raiſon.

(49) *C'eſt pourquoi Côme de Médicis prit à cœur d'empêcher Milan de tomber ſous l'autorité des Vénitiens.* Le Duché de Milan étant une des plus belles & des meilleures parties de l'Italie, il a toujours été extrêmement envié ; & l'on trouvera peu de pays en Europe pour l'acquiſition

desquels l'ont ait fait des guerres si longues
& si sanglantes. Les anciens Empereurs
d'Allemagne employerent beaucoup de
gens & d'argent pour l'acquerir, & l'ayant
acquis, le possederent quelque tems par
la force de leurs garnisons. Enfin après plusieurs guerres d'entre les Guelphes & Gi-
belins, les Vicomtes d'Anglure le reçu-
rent en fief de Sa Majesté Impériale, &
le possederent sous le titre de Vicomté,
jusqu'au tems de Galeas. Celui-ci en fut
créé Duc par l'Empereur Venceslas l'an
1396. & sa postérité y régna glorieusement sous quatre Princes, jusqu'à la mort
de Philippe Marie. Ce Duc avoit une sœur
nommée Valentine, qui fut donnée en mariage à Louis Duc d'Orleans, frere de
Charles VI. Roi de France, à condition
que si Philippe Marie venoit à mourir sans
enfant mâle, Valentine, Louis, & leurs
enfans lui succéderoient au Duché de Milan. Philippe Marie mourut quelque tems
après, tandis que les enfans de Valentine
étoient prisonniers en Angleterre. Alors
les Vénitiens qui ont toujours l'œil ouvert
à leur aggrandissement, tâcherent de se rendre maîtres de ce Duché. Mais les Florentins
favoriserent François Sforza, Comte de
Catignara, qui avoit épousé Blanche, fille
naturelle du dernier Duc Philippe Marie.

T iv

La postérité de François régna peu & malheureusement, tant parce que Lóuis, surnommé le More, ne se contentant pas d'avoir tyrannisé long tems le Duc Jean Galeas son neveu, le fit mourir de poison, que parce que les descendans de Valentine rechercherent leur droit à la pointe de leurs épées, sous le commandement de Charles Duc d'Orleans, fils de Valentine, de Louis XII. Roi de France son petit-fils, & de François premier son arriere petit-fils. Ces Princes prirent à la guerre Louis, & François Sforza Ducs de Milan, & les conduisirent en France, où ils moururent tous deux. Enfin le très-Auguste Empereur Charles V. s'en saisit par raison d'Etat, bien que Maximilien son grand-pere en eût investi deux fois Louis XII. & qu'il en eût promis lui - même l'investiture à Charles Duc d'Orleans, fils du Roi François premier. De sorte que la maxime d'Etat qui obligea Côme de Médicis, & la République de Florence d'empêcher que les Vénitiens ne conquissent le Duché de Milan, n'a pas pû empêcher qu'un Prince plus puissant que cette République ne le posséde paisiblement.

(50) *Henri le Grand ayant sçû que le Duc de Savoye avoit failli de surprendre Genéve, dit que si son coup eût réussi, il*

l'auroit assiégé dedans dès le lendemin. Le
Duc de Savoye, portant le titre de Comte
de Genevois, ne sçauroit voir sans regret
que cette Ville ait formé une République
Souveraine avec quelque déchet de la réputation, & de l'Etat de son Altesse Royale. Ce fut pour cela que le Duc Charles
Emmanuel, qui avoit un cœur de Roi dans
un corps de Duc, la fit attaquer par escala-
de pendant les plus longues nuits de l'an
1602. Cette entreprise qui fut conçûë &
conduite par un Gentilhomme François,
nommé du Terrail, fut heureuse au commencement, car lui & deux cens des siens
entrerent dans la place ; & s'ils eussent eu
le moyen de se saisir d'une porte, la Ville
étoit perduë. Mais enfin le bonheur de la
Bourgeoisie la sauva, & la rendit victo-
rieuse de ce dangereux ennemi. Le bruit
de cette action s'épandit incontinent par
tout, & alors Henri le Grand proféra les
paroles, dont M. Naudé fait ici mention.
Il me semble toutefois que cet exemple
est hors de propos, d'autant que selon l'o-
pinion de Tite-Live & du même Naudé,
ces coups d'Etat se font afin que toute l'autorité ne tombe entre les mains d'un seul
peuple, & pour se garantir de la crainte
d'un voisin qui devient trop puissant, ce
qui n'a point de lieu en l'action de Char-

les Emanuel Duc de Savoye, ni aux paroles de Henri le Grand. La prife de Genêve ne fçauroit rendre un Duc de Savoye
formidable à un Roi de France ; & la même Ville étant ou entre les mains, ou dans
une étroite alliance des Suiffes, qui font
beaucoup plus puiffans, & plus à craindre
que ce Duc, elle pourroit être plus fuf-
pecte au Royaume de France, que fi elle
étoit au pouvoir de la Séréniffime Maifon
de Savoye.

(51) *Quand l'Efpagne a voulu enva-*
hir les Etats du même Duc, la France eft
allée au fecours en vertu de la fufdite
maxime. Toutes les fois que l'Efpagne en-
treprendra d'affujettir les terres de fon
Alteffe de Savoye, la France aura raifon
de s'y oppofer. L'émulation qui fe trouve
depuis près de deux cens ans entre ces
deux belliqueufes nations, ne permet pas
à l'une de fouffrir que l'autre faffe des
progrès dans fon voifinage fans s'y oppofer, la maxime générale des Etats les oblige toutes deux à ce devoir, & outre cette
maxime, la qualité de rivales en l'Empire de l'Europe, qu'on dit qu'elles affectent, les oblige également de travailler à
la confervation de quelque forte d'égalité.
D'ailleurs la Principauté de Piémont, &
le Comté de Nice, étant au pouvoir du

Roi Catholique, perſonne ne le pourroit
plus empêcher de ſe rendre maître de toute
l'Italie , & peut-être de toute l'Europe.
Quand cette Province obéit toute aux
Romains, ils ſongerent à la conquête de
l'Univers , paſſerent les Alpes , aſſujetti-
rent la France , l'Eſpagne & l'Angleterre ,
& ébranlerent tellement l'Allemagne, que
peu s'en fallut qu'ils ne la rangeaſſent toute ſous leurs loix. Les voiſins donc ont
ſujet de s'oppoſer à l'Eſpagne , lorſqu'elle
fait deſſein de s'avancer juſques-là. Et ſi
ces raiſons ne ſuffiſoient , celle de parent
obligeroit le Roi Très-Chrétien de prendre le parti du Savoyard contre l'Eſpagne ,
& contre tous ceux qui le voudroient envahir ſans ſujet. Ce Prince eſt fils d'une
fille de France , & ayant été mari d'une
Princeſſe de la maiſon Royale , il l'eſt à
préſent d'une Dame de celle de Nemours ,
qui étoit une branche de celle de Savoye ;
& cette Princeſſe étant née & ayant été
élevée en France , elle porte les fleurs de
lis dans le cœur.

(52) *C'eſt elle auſſi qui a ſervi d'excuſe
légitime aux alliances d'Alexandre VI.
& de François I. avec le Grand Seigneur.*
Je ne croirai jamais que la maxime d'Etat
puiſſe ſervir d'excuſe légitime à des actions
indignes de ceux qui les font. Les excuſes

légitimes font celles que les loix permettent, & aucune loi ne permettra jamais
à un Pape de s'allier avec les Infideles
contre les Chrétiens. C'est toutefois ce
qu'Alexandre VI. fit fans aucune néceffité, quand Charles VIII. Roi de France alla
en Italie, où il témoigna par toutes les
actions qu'il fit à Rome, qu'il étoit digne
d'être fils aîné de l'Eglife. J'ai lû dans les
Chroniques de Philippe de Comines, Seigneur d'Argenton, qu'il baifa les pieds
au Pape Alexandre, avec beaucoup d'hu-
milité. Et bien que ce Pape le craignit, il
ne lui en donna point de fujet. Mais j'o-
ferai bien croire qu'il s'imagina que Frere
Hierôme Savanarola avoit perfuadé à ce
jeune Roi qu'il devoit réformer l'Eglife,
couper tant foit peu des aîles du Pape,
& corriger les abus du Saint Siége ; mais
il ne le fit point, & mal lui en prit. Au
refte, je crois que fi le poifon que ce mauvais Pape prit, voulant empoifonner quelques Cardinaux, le lui eût permis, il fe
feroit repenti d'avoir empoifonné Zémin,
frere du Sultan Bajazet, & d'avoir eu
plus de confiance en lui qu'à un Roi Très-
Chrétien. L'on pourroit plus aifément
juftifier l'alliance de François I. Roi de
France, avec le Turc Soliman, parce
qu'il étoit perfécuté de toute la Chrétienté,

à la sollicitation de l'Empereur Charles. Je
n'oserois pourtant pas assûrer, que son
action ait été juste. En effet tous les Chrétiens en ont mal parlé, & cette alliance
est la plus grande tache qui noircisse la réputation de ce Prince.

(53) *Cette maxime a servi de prétexte
aux Traités secrets de l'Espagnol avec les
Huguenots de France, & de passeport aux
troupes que nous avons fait couler en
Hollande.* Les Rois Catholiques des Espagnes ont toujours été si zélés conservateurs
de leur Religion, qu'on croira difficilement qu'ils ayent fait des alliances secret-
tes avec les Huguenots de France. Il est
néanmoins vrai que Henri Duc de Rohan,
qui a été chef du parti réformé, dit en ses
Mémoires, qu'il envoya à la Cour de Madrid un des Consuls de Montpellier, qui
traita avec les Ministres de Sa Majesté Catholique, & à son retour il se laissa prendre par les gens du Roi Très-Chrétien. Tellement que le Traité secret qu'il avoit fait,
fut manifesté, & l'Historien du Pleix l'a
inféré dans son Histoire. Le même Duc
dit aussi en un discours qu'il a fait sur les
derniers troubles de la France, à cause de
l. Religion, qu'il n'avoit pas conclu la paix
avec son Roi, parce qu'il ne pouvoit rien
faire sans l'aveu du Roi de la Grande-Bre-

tagne, & parce qué les espérances qu'il avoit de divers Princes étrangers, d'une grande & prompte assistance, étoient des sujets assez puissans pour ne pas précipiter un Traité mal-à-propos. De ces dernieres paroles & des affaires que la France avoit alors à démêler avec l'Espagne, à cause du Duc & du Duché de Mantouë, l'on peut se persuader que Sa Majesté Catholique étoit un des Princes qui promettoient du secours aux Huguenots. Pour ce qui concerne les troupes que la France a fait couler en divers tems en la Valteline & en Hollande, ce sont des choses dont personne ne peut douter. Le Marquis de Cœuvres, qui a porté depuis la qualité de Maréchal d'Estrées, & le Duc de Rohan, ont commandé des armées Françoises dans la premiere. Et ce dernier y battit en peu de jours une armée Impériale, commandée par le Comte de Farnemont, & une Espagnole, sous la conduite de Gerbelon. Les François en font mention dans leur Histoire; & le Duc de Rohan qui étoit très-grand homme de cabinet, aussi bien que sage & vaillant Général d'armée, en fait un exact récit dans son apologie. L'on ne nie point aussi que le Roi de France n'ait entretenu des bonnes & belles troupes en Hollande, & j'y ai vû cinq Régi-

mens d'Infanterie Françoife, dont Meffieurs de Châtillon, d'Auterive, & de Vil-
leneuve étoient Colonels ; & un de Cavalerie, qui obéïffoit à Charles Henri de
la Tremouille, Prince de Tarente, qui a
été Duc de Touars, & eft mort depuis peu.
Et véritablement fi une de ces nations fe
rend licite de favorifer des rebelles, l'autre doit avoir la permiffion de faire la même chofe, par une maxime d'Etat qui ne
peut être blâmée que par des bigots, incapables de donner confeil aux Souverains.
De forte que M. Naudé, qui en plufieurs
autres endroits de fon livre lâche un peu
trop la bride à la confcience des Rois,
femble la tirer un peu plus qu'il ne faut
en celui-ci.

(54) *Sans cette confidération, Char-*
les V. n'auroit pas abandonné les Véni-
tiens au Turc. Soliman, Sultan de Turquie, qui commença de régner au même
tems que Charles V. Empereur des Romains, & qui le furvécut de huit ans, fit
la guerre toute fa vie, mourut les armes à
la main, & triompha de Ziguet après fa
mort, mais il fit peu de mal aux Vénitiens.
Ce grand Prince fuccéda à Selim fon Pere,
l'an 1519. & régna jufqu'à l'an 1566. avec
autant de gloire qu'aucun de fes prédéceffeurs. Il conquit les Royaumes d'Affirie &

de Méfopotamie , avec la ville de Babilone. Il ravagea les frontieres d'Arménie & de Médie, & prit Tauris , ville capitale de Perfe, fur les Infidéles. Il n'épargna pas auffi les Chrétiens fur lefquels il conquit Rhodes, Belgrade, Albe-Royale, & Bude en Hongrie. Il affiégea auffi Vienne & Malthe, mais il fut contraint de lever le fiége par la réfiftance qu'il trouva en ces deux admirables forterefles, & par le fecours que l'Empereur donna à la premiere, & Philippe II. Roi d'Efpagne à la feconde. Il fit auffi quelques guerres aux Vénitiens, André Gritti & Pierre Lando, étant chefs de la République. Je ne trouve pourtant pas qu'il ait fait de grands progrès contre les Vénitiens. Mais il me femble que M. Naudé fe trompe, lorfqu'il dit que la confidération des maximes d'Etat fut caufe que Charles V. les abandonna au Turc. Je trouve que c'eft mal prendre garde à l'intérêt de l'Efpagne , que d'abandonner une République dont les forces ne lui peuvent être ni formidables ni fufpectes, à un Monarque qui dévore toute la Chrétienté en efpérance, & qui en effet la mine d'une façon étrange. Perfonne n'ignore que dans moins de quatre cens ans, il ne lui ait ravi par la force des armes, les plus confidérables piéces qu'elle eut, & qu'il ne ceffe

point

point de lui ôter tantôt un Royaume, tantôt une bonne Principauté, & tantôt une ou plusieurs forteresses, à la honte de tous les Princes Chrétiens qui pourroient arrêter ses victoires, & lui faire repasser l'Hellespont, s'ils prenoient bien garde à leur intérêt, & à la raison de leur Etat.

(55) *Charles VIII. n'eût pas été si promptement chassé d'Italie. Paul V. n'eût pas joui si facilement du Duché de Ferrare, ni le Pape qui siége à présent de celui d'Urbin.* Il me semble que M. Naudé s'est mépris, lorsqu'il a mis ces choses sous une même considération. Les Italiens eurent raison de joindre leurs forces, & userent à propos de leur maxime d'Etat, lorsqu'ils chasserent de leur pays Charles VIII. Roi de France. Un Prince si puissant les auroit pû ruiner s'il eût conservé le Royaume de Naples; & peut-être auroit-il tâché de soumettre à ses loix, tout ce qui est entre Naples & la France, pour aller de l'un de ses Royaumes à l'autre, sans mettre le pied sur les terres d'autrui. Mais je ne vois pas comment les Princes Italiens, qui ont raison de craindre le pouvoir du Siége Romain, observent leur véritable intérêt, quand ils permettent qu'il ajoute de grandes & riches Principautés à ses autres Etats. C'est pourtant l'opinion du sieur Naudé

qui fans doute s'eft trompé, & qui me permettroit de lui contredire en cette rencontre s'il étoit encore en vie. Il y a trois Puiffances en Italie qu'on ne doit point laiffer croître ; & celle du Pape eft la plus dangereufe, parce que depuis deux cens ans l'on n'en a point vû, qui n'ait tâché d'enrichir fes neveux aux dépens de l'Eglife, ou des Princes voifins. Au refte je ne crois pas qu'on eût eu raifon de s'oppofer à Clement VIII. lorfqu'il fe faifit du Duché de Ferrare, qui revenoit à l'Eglife à faute de Princes légitimes de la Maifon d'Efte. Mais auffi ne puis-je pas avouer que ce foit par raifon d'Etat que les autres Princes l'en ont laiffé jouir fi facilement, & j'en fais juge tous ceux qui voudront prendre la peine de confidérer cette affaire fans aucune paffion.

(56) *Tous les Princes ne défireroient pas la reftitution du Palatinat, ni tant de profpérité au Roi de Suede, ni que Cafal demeurât au Duc de Mantoue.* M. Naudé touche ici trois chofes dignes de notre confidération, & qui font expliquées au long dans l'hiftoire de notre tems. Les affaires du Palatinat & de Cafal, pour avoir été la caufe des guerres qui ont affligé l'Europe durant trente ans, & celle du Roi de Suede, parce qu'elle étonna toute

l'Europe. Mon deſſein n'eſt point d'écrire
ces choſes, parce que ce ſeroit faire ce
qui eſt déja fait. Il faut toutefois que je
diſe que Frideric V. Electeur Palatin, s'é-
tant fait couronner Roi de Boheme, l'an
1618. il attira ſur ſoi les armes de toute
la maiſon d'Autriche ; & que Charles de
Gonzague Duc de Nevers, ayant été appellé à la ſucceſſion de Vincent Duc de
Mantoue, mit, ſans y penſer, ou du moins
contre ſa volonté, les armes à la main du
Roi d'Eſpagne. Pluſieurs perſonnes dé-
ſapprouverent l'action de l'Electeur Palatin, parce qu'à leur avis, Ferdinand Ar-
chiduc d'Autriche qui fut élû Empereur,
preſque au même tems, avoit été élû légitimement Roi de Boheme. Mais parce
que la liberté des autres Princes ſe trouvoit en danger par les forces que l'Empereur avoit ajoutées aux ſiennes par l'acquiſition des Royaumes de Boheme & de
Hongrie, il n'y a point de doute que pluſieurs & même que tous les Princes de
l'Empire ne déſiraſſent que le Palatinat
fût reſtitué à ſon ancien Maître. La maxime d'Etat exigeoit ce deſir de tous les
Princes, & en obligea une bonne partie
à prendre les armes. Ceux-ci furent mal-
menés ; & la fortune de l'Empereur Ferdinand II. diſſipa les forces épouventables

de Frideric nouveau Roi de Boheme, de Bethlehem Gabor, Prince de Tranfylvanie, d'Ernefte Comte de Mansfeld, de Chriftian de Brunfwig, Evêque d'Halberftat, de George Frideric Marquis de Baden-Durlac, & de Chriftian IV. Roi de Dannemarc. Cependant la fucceffion dont nous avons parlé ci-deffus, échût au Duc de Nevers, qui alla prendre poffeffion des Duchés de Mantoue & de Montferrat, dont Cafal eft la ville capitale. Alors les Efpagnols qui ne pouvoient pas fouffrir qu'un Prince né en France, poffédât ces Principautés en Italie, fe déclarerent ouvertement contre lui, & firent faire une grande faute à l'Empereur. Ce grand Prince croyant la befogne qu'il avoit commencée un peu plus aifée qu'elle n'étoit, voulut favorifer le Roi d'Efpagne, & lui envoya fes meilleures troupes. Pour cette caufe les François qui s'étoient rangés au parti du Duc de Mantoue, firent une ligue pour donner des affaires à leurs ennemis ; Guftave le Grand, Roi de Suede, qui avoit acquis beaucoup de gloire à la guerre de Pologne, entra dans cette ligue & vint en Allemagne, où rien ne put réfifter, ni à fa fortune, ni à fa valeur. En ce tems-là, M. Naudé écrivoit les Confidérations politiques que je confidére, & dit que par maxime d'Etat, plufieurs Princes défiroient la reftitution du Palatinat, la profpérité du Roi Suede, & que Cafal demeurât au Duc de Mantoue. Ce defir dés Princes étoit fondé fur la véritable raifon d'Etat de l'Allèmagne, de la France, & de l'Italie ; & pour cela plufieurs ajou-toient leur pouvoir à leur fouhait en fa-veur du Palatin, du Roi de Suede, & du Duc de Nevers.

(57) *Le droit de guerre ne permet point d'outrager ceux qui mettent les armes bas, néanmoins quand la quantité des prifon-niers, &c.* Il arrive fort rarement qu'on faffe tuer les ennemis qui fe conffent vaincus, mettent les armes bas, & de-mandent quartier. Et s'il les falloit faire paffer au fil de l'épée, il vaudroit mieux que ce fut à la chaude que de fang froid, après qu'ils fe font rendus. Je fai bien que fi leur nombre eft trop grand, il peut incom-moder le victorieux. Mais l'on peut trou-ver quelque voie plus humaine de fe dé-faire d'eux, que de les égorger. En Alle-magne, on les oblige de prendre parti parmi les troupes victorieufes ; & afin de leur ôter le moyen de nuire, on les fépa-re, & l'expérience a fait voir plufieurs fois qu'étant melés aux amis, ils ont rendu de bons fervices. Pour moi je ne ferois ja-

mais d'avis qu'on les fît mourir. Et fi j'en étois crû l'on prendroit rançon des Officiers, & difperferoit les fimples foldats dans les Régimens amis, parce que le plus fouvent la lie des foldats fe foucient peu du parti qu'ils fuivent, & fervent ceux qui les payent fans aucune difficulté, & fans aucun fcrupule. Ils font pourtant bien aifes d'y être contraints, pour avoir une excufe légitime à l'endroit de ceux qu'ils abandonnent au cas qu'ils tombaffent une autrefois entre leurs mains. Il eft toutéfois néceffaire de traiter diverfement les peuples divers. Car pour exemple, les Efpagols naturels aiment mieux mourir que de porter les armes contre leur patrie. Mais ceux-ci font toujours en fi petit nombre, qu'il eft aifé de les garder en prifon. Les autres troupes qui fervent dans les armées du Roi Catholique, peuvent être diftribuées dans les Régimens, de même que les Allemandes, les Italiennes, & les Françoifes. Pour ce qui regarde l'action d'Annibal, il eft difficile de juger s'il fit bien ou mal, parce que les anciens Romains aimoient extrêmement leur République, & il étoit ou très-difficile, ou du tout impoffible de les obliger à prendre parti parmi les Carthaginois. Je crois pourtant qu'il auroit mieux fait de trouver un autre

moyen de les rendre incapables de faire la
guerre, que de les faire mourir.

(58) *On peut rapporter à semblables
maximes les coutumes de certains peuples,
comme par exemple la loi Salique.* Je ne
trouve rien de plus juste que la coutume
invariable que les François ont toujours
observé d'exclure les Dames de leur Couronne. Et au lieu de la condamner, je crois,
avec plusieurs politiques, que tous les
peuples la dévroient introduire chez eux.
Sans cette coutume le plus grand ennemi d'un Etat en peut devenir le Roi ; &
les Royaumes qui n'ont pû succomber par
les armes, peuvent être assujettis à leurs
adversaires par un mariage que le desir de
la paix aura fait conclure, sans en prévoir
la suite. C'est peut-être pour cette raison
que les Espagnols ne donnent pas leurs
Infantes aux Rois Très-Chrétiens, sans
les avoir obligées de renoncer à la succession de leurs peres. Le danger où se virent
les Anglois d'obéïr à un Espagnol par le
mariage de Philippe avec Marie leur Reine, peut avoir été cause de cette précaution. Et je m'étonne qu'ils ne franchissent
le pas, & qu'ils ne fassent une loi qui ex-
clue de la Couronne, les enfans de toutes
leurs Infantes. Les Suedois, qui habilite-
rent à la succession de leur Royaume les

filles de Charles IX. leur Roi & de sa postérité, eurent égard à Sigismond Roi de
Pologne, & lui voulurent ôter l'espérance
de se voir jamais Roi de Suede ; & afin
qu'un ennemi de leur Etat ne puisse jamais régner sur eux, leur loi oblige ex-
pressément leurs Reines d'épouser un Seigneur Suédois, ou un étranger qui agréé
au Sénat de Suede. Et peut-être la Reine
Christine aima mieux quitter la Couronne
que de prendre un mari, qui selon les loix,
devoit être plus agréable à ses sujets, qu'à
elle. Pour ce qui concerne la Loi Salique,
elle n'a pas toujours été alleguée avec
tant d'ardeur qu'elle le fut tandis que les
Espagnols tâchoient d'empêcher que Henri
le Grand ne montât sur le trône. L'on
n'en fit aucune mention quand Edouard
III. Roi d'Angleterre voulut être préferé
en qualité de fils d'Isabelle de France sa
mere, à Philippes, fils de Charles Comte
de Valois, & petit-fils de Philippes le Har-
di, troisiéme de ce nom, Roi de France ;
encore que cette loi eût pû décider l'affaire en faveur de Philippes, qui cela nonobstant, fut déclaré légitime héritier du
Royaume de France.

(59) *De même nature est aux Chinois,
la loi qui défend sur peine de la vie l'entrée de leur pays aux étrangeres.* Les Chinois

nois ont toujours voulu vivre chez eux
fans y être inquietés par le commerce des
étrangers. Ils n'ont pourtant pas pû empêcher que les Jéfuites n'y foient entrés
par adreffe , & les Tartares par force. Les
premiers defireux d'enfeigner la foi Chrétienne aux Afiatiques , ont pénétré jufqu'au Japon & à la Chine , par le moyen
de certains vérres triangulaires , qui repré-
fentent une infinité de couleurs à ceux
qui les tiennent devant les yeux. Les feconds ont toujours defiré de jouir des dé-
lices & des richeffes de ce grand & fertile
Royaume. A cet effet ils en ont fouvent
entrepris la conquête , & bien que la Chine foit un pays abondant en hommes, &
en toute forte d'armes offenfives & défen-
fives , ils obligerent le Roi Trintzon de
bâtir une muraille de cinq cens lieuës de
long, en y comprenant les hautes & efcar-
pées montagnes qui la féparent de la Tar-
tarie. Cette muraille n'a pourtant pas empêché que les Tartares n'y foient entrés,
1700 ans après l'édification de cette muraille. Ce peuple barbare ayant conquis
la Chine, y régna quatre-vingt-treize ans,
& puis il en fut chaffé. Mais en nos jours
il a repaffé les montagnes, & foumis à fes
loix tout ce renommé Royaume, s'il enfaut
croire la relation d'un Jéfuite, qui dit y

Tome I,   X

avoir été ; au reste il semble raisonnable qu'un grand Etat qui peut se passer de tout le monde, défende aux étrangers d'aller troubler son repos, & d'y apporter des mœurs & des coutumes inconnues. Mais enfin Dieu en a disposé autrement.

(60) *Au grand Turc la coutume de faire mourir tous ses parens.* Cette façon de faire est si inhumaine, qu'elle ne peut être louée que des Tyrans, ni imitée que des bêtes. L'on a vû des Sultans en Turquie qui ont fait mourir par une cruauté dénaturée, celui qui leur avoit donné la vie ; & d'autres qui n'ont pas épargné leurs freres avant qu'ils eussent vû le jour, & par conséquent, avant qu'ils leur pussent donner de la jalousie. A présent ils en usent un peu mieux, & j'ai lû dans la description qu'un Jésuite a mis au jour du voyage du Comte de Leslie, Ambassadeur de l'Empereur Leopold à la Porte Ottomane, que le Turc Mahomet IV. reçût l'Ambassadeur de Sa Majesté Impériale en la compagnie de la Sultane sa mere, & de deux de ses freres, lesquels il traitoit avec quelque espece d'amour & de courtoisie. L'on a dit depuis que sa Hautesse desiroit de les sacrifier à son ambition, & que sa mere & les Janissaires s'y opposoient. Je ne sçai pas ce qui en aviendra ; mais il seroit à sou-

haiter que cette barbare & maudite coutume fut entierement bannie du monde,
& même que le Grand Seigneur fe conten-
tât d'une femme, afin qu'ayant moins d'enfans, il eût plus de foin de les conferver
& fon fucceffeur moins de fujet de les
craindre.

(61) *Au Roi d'Ormus de les aveugler,*
à l'Ethiopien de les enfermer fur le cou-
peau d'une montagne. Le Royaume d'Ormus eft une petite Ifle du détroit de Perfe,
& un peu de pays dans le continent. Les
Portugais fe faifirent de cette Ifle fous le
commandement d'Alphonfe d'Albuquer-
que, & y bâtirent une fortereffe qui contraignoit ce Roi à leur payer tribut. Je n'a-
vois jamais ouï dire que ces Rois fiffent
aveugler leurs parens ; & s'ils le font, c'eft
plutôt de peur d'être obligés de les entretenir en Princes, que de peur qu'ils ne
leur difputent leur Etat, qui eft fort petit,
encore qu'il foit d'affez bon rapport, à caufe des pierreries qu'on y trouve en quantité. Ce Royaume fut foumis à Abbas, Roi
de Perfe, & les Portugais en furent chaffés l'an 1622. les Anglois ayant joint leurs
forces à celles des Perfes. Le Prête-Jean,
Roi d'Ethiopie, a un grand pays qui abou-
tit au détroit de Perfe d'un côté, mais il
n'eft pas fi redoutable que François Alva-

rès & quelqu'autres Ecrivains nous le veulent perfuader. Les Portugais qui ont été chez lui & qui l'ont fervi à la guerre, nous en ont enfeigné des particularités qui lui font peu avantageufes. Ses Sujets lui font très-obéïffans, mais ils font incapables de grandes expéditions, à faute d'armes. La Cour de ce Prince eft toujours grande & paroît beaucoup parce qu'il porte toutes fes richeffes avec lui. Il loge dans des tentes à la campagne, & fa demeure n'eft pas fixe en un lieu. Au refte tous ceux qui parlent de ce pays, difent que le Roi entretient tous les Princes de fon fang fur le mont AMARE, d'où l'on tire le plus proche parent du Roi régnant quand il meurt fans enfant mâle. L'on dit auffi que ces Princes defcendent encore de Meilech, fils de Salomon & de Maqueda, Reine de Saba. Je ne fçai pas ce qu'il en faut croire, mais il eft certain que 400. Portugais qui fervirent ce Roi fous le commandement de Chriftophe de Gama, pendant le régne de Dom Sebaftien, Roi de Portugal, l'an 1568. & plufieurs autres qui y ont été depuis, affurent que c'eft la croyance de ce peuple ; les Abiffins difent qu'ils le peuvent prouver par leurs anciennes Chroniques que l'on garde avec plufieurs autres livres en la ville de Caxuma. Ces peuples

font Chrétiens, & l'ont été depuis le tems
de la Reine Candaces, qui vivoit au tems
des Apôtres. Ceux qui ont été en Ethiopie,
difent qu'il y a beaucoup d'apparence que
Saint Thomas les ait inftruits en la foi
Chrétienne. Mais auffi nous enfeignent-
ils que ces pauvres gens font fort ignorans,
& que leur foi eft impure, à caufe du commerce qu'ils ont avec leurs voifins, qui
font les uns Idolâtres & les autres Maho-
métans.

(62) *L'Oftracifme aux Atheniens.* Les
plus hommes de bien font fouvent haïs de
leurs compatriotes; & la multitude fouffre
difficilement ceux qui font élevés par-
deffus le commun des bourgeois, foit par
leur richeffe, foit par leur vertu militaire,
foit même par leur bonté. Ce vice eft toute fois plus en vogue dans les Etats Arifto-
cratiques & Démocratiques, que dans
les Monarchies; Florence, qui eft la fleur
des villes d'Italie, comme Athénes étoit
autrefois l'œil de celles de Grece, imita
l'Oftracifme avec excès en la perfonne de
Côme de Médicis, fils de Jean, qui avoit
eu très-bonne part au gouvernement de fa
patrie. Côme avoit une façon populaire
& un cœur de Prince. Ses richeffes ne lui
fervoient que pour acquerir des amis. Il
étoit vêtu en bourgeois, & vivoit en Roi.

Sa maison étoit le refuge des pauvres, l'autel des affligés, & la retraite des plus beaux esprits. Enfin Côme étoit tout à Florence, & Florence n'étoit rien sans lui. Ces belles qualités furent attaquées de l'envie, comme les belles fleurs le font des Cantarides; & l'on mit en délibération au Conseil si on le devoit faire mourir. Il trouva pourtant en Bernard de Gadague, qui étoit alors Gonfalonier, ce que César ne trouva point en Brutus; c'est-à-dire, qu'il se laissa charmer à ses paroles, & jugea que c'étoit assez d'exercer envers lui la rigueur de l'Ostracisme, & il fut banni de la ville. Alors Côme se retira à Venise; & croyant aussi bien qu'Alcibiades qu'il étoit meilleur que ceux qui l'avoient exilé, il attendoit du secours de sa bonne fortune. Enfin Florence ne put point souffrir long-tems son absence. Et au lieu que l'Ostracisme exiloit les Atheniens pour dix ans, Côme fut rappellé à la fin de la premiere année, & remis en ses honneurs & dignités. Et comme le peuple passe aisément d'une extrêmité à l'autre, après avoir banni Côme, il l'honora du titre de Pere de la patrie, & fit graver cet éloge sur son tombeau.

(63) *La Matze aux peuples de Valais, le Conseil des Discoles aux Luquois, le Lac Orfane à Venise.* Ici il faut que j'avoue

que la Matze du pays de Valais m'eft inconnue, & que tout ce que je puis dire de
ce pays eft qu'on l'appelle autrement Se-
dunois, parce que Sion en latin *Sedu-*
num, en eft la ville capitale & Siege Epif-
copal. Cet Etat eft allié des Suiffes, & con-
fine avec eux, avec le Lac de Genêve &
avec le Lac Major. Pour ce qui regarde
Luques, c'eft une petite République com-
pofée d'honnêtes gens, fort jaloux de leur
liberté; & il femble que leur foibleffe la
leur conferve plûtôt que leur force. Car la
ville eft petite & environnée des terres du
grand Duc de Tofcane, qui ne la laiffe-
roit point en repos, fi les autres Princes
n'en prenoient la défenfe. Pour ce qui concerne le Confeil des Difcoles, il faut fçavoir que ce confeil s'affemble un jour de
la Semaine Sainte, tous les ans une fois,
& ceux qui y entrent ont le pouvoir d'é-
crire dans un billet le nom de ceux qu'ils
eftiment indignes de demeurer dans leur
ville, & mettent ces billets dans une boë-
te apprêtée pour cet effet. Et fi le nom de
quelqu'un fe trouve en plufieurs billets,
on le balote au grand Confeil, & fi les
deux tiers de ce Confeil le condamne, il
eft banni de la ville fans qu'on lui dife
pourquoi. D'où l'on peut juger que les
mauvais garnemens ne font point foufferts

dans cette petite République. Le Lac Orfane m'eſt preſqu'auſſi inconnu que la
Matze ; mais il y a de l'apparence que c'eſt
le lieu qu'on appelle à Veniſe, Canal Or-
fano, entre la Ville & Malamoco, où l'eau
eſt fort profonde par le concours de trois
petites rivieres. C'eſt-là que le Sénat de
Veniſe fait jetter les Gentilshommes in-
corrigibles. Et cela ſe fait ſans bruit, & à
l'inſçû du peuple, afin que la ville demeure toujours dans le reſpect qu'elle doit au
Magiſtrat, & qui pourroit s'amoindrir,
ſi l'on voyoit ſouvent la Nobleſſe monter
ſur des funeſtes échafauts. Il eſt toutefois
impoſſible qu'en un ſi grand nombre de
petits Rois, il n'y en ait quelqu'un indigne de ce rang.

(64) *L'Inquiſition en Eſpagne & en
Italie.* Les Eſpagnols ont quantité de Conſeils, mais pas un qui ait un pouvoir ſi ab-
ſolu, ni à qui l'on rende tant de reſpect,
qu'à celui de l'Inquiſition. Ce Conſeil fut
introduit en Eſpagne par Ferdinand V. qui
pour cela fut ſurnommé le Catholique,
après qu'il ſe fut rendu maître du Royaume de Grenade, l'an 1492. Je crois que
l'intention de ce Prince étoit bonne ; mais
la ſuite du tems a fait voir que l'Eſpagne
ne pouvoit produire rien de plus dangereux que ce Conſeil ; Il y a ſix Aſſeſſeurs,

un Fifcal, & un Préfident, qui font tous choifis immédiatement par le Roi. Sa Majefté ne donne la charge de Préfident, finon à un Archevêque ou à un Evêque, de qui le pouvoir eft immenfe. C'eft lui qui donne les Offices inférieurs dans toutes les villes, & provinces des Royaumes des deux Caftilles, d'Arragon, de Grenade, de Navarre, de Murcie, de Leon, de Jaen & de Galice; & qui les donnoit auffi aux villes & provinces de Portugal avant qu'il eût fecoué le joug. C'eft lui auffi à qui l'on envoye les procès de tous ceux qui font détenus prifonniers dans les cachots de l'Inquifition pour les juger. Au refte ces Meffieurs font craints & refpectés autant ou plus que le Roi même. Les maifons des moindres Officiers de l'Inquifition, font des afyles auffi affurés que les autels. Les Familiers de cet Office, qui font comme les Sergens, qui emprifonnent ceux qui leur font fufpects, portent une croix d'agent pendue au col, pour marque de leur office; mais quand ils veulent faire un bon coup, ils la cachent, & mettant la main fur le colet d'un malheureux, il crient à haute voix, *a que de Dios y de la Santa Inquifition;* & alors tous ceux qui fe trouvent préfens font obligés de leur prêter la main, à peine de fe rendre fufpects d'héréfie. Je ne dis rien de la rigueur de ces faints hommes ; il fuffit qu'on fçache que l'enfer ne peut être différent de leurs prifons, finon en la durée. En Italie ce Tribunal n'eft pas fi févere. Je fouhaite pourtant qu'aucun homme de bien ne tombe entre les mains de ces Démons incarnés. Au furplus il y a des pays où le peuple embraffe & profeffe la Religion Romaine par la crainte, & d'autres où elle opere un effet entierement contraire, comme on l'a vû au Pays-Bas, & comme on le verroit en France & ailleurs, fi on s'en vouloit fervir.

(65) *Et autres femblables façons de faire particulieres à chaque Nation.* Il eft certain que tous les peuples ont des maximes fondamentales de leur Etat, fans lefquelles ils croiroient de ne pouvoir point fubfifter. Par exemple, le Turc n'ayant rien tant à cœur que l'agrandiffement de fon Empire, croit que la Poligamie feule lui peut fournir des foldats, & que la tolérance de toute forte de Religion lui en facilite le moyen. Le Mofcovite qui exige de fes fujets une obéïffance aveugle, croit que l'ignorance dans laquelle il les entretient lui eft entierement néceffaire ; & pour cela il bannit de fes Etats toutes les Sciences, comme pernicieufes & caufes d'info-

lence & de rebellion. Le Suedois tient pour certain que pour conserver & même pour accroître ses Royaumes, il doit toujours avoir des troupes considérables sur pied ; & pour cette cause il entretient toujours vingt-huit Régimens d'Infanterie, & huit de Cavalerie ordinaires, de douze cens hommes chacun, & autant d'extraordinaires de sa nation, avec un appointement honorable pour les Officiers. Le Danois qui croit que la Souveraineté du Zont le peut rendre Souverain de la mer Baltique, bande tous les nerfs de sa prudence pour conserver ce passage, & pour obliger toutes les Nations étrangeres de lui payer quelque reconnoissance en passant. L'Anglois n'a point de pensée plus relevée que celle de conserver l'honneur qu'il a eu depuis quelques siécles d'être le Roi de la mer ; & les Hollandois tâchent de tout leur pouvoir de lui ravir cette gloire, & de devenir maîtres du commerce de l'Univers, & de la pêche des harengs, & des baleines sur toutes les mers. Le François qui voit que son peuple est extrêmement industrieux, contribue autant qu'il peut à son industrie, & lui fournit le moyen d'inventer des Manufactures, qui sont l'aimant précieux qui attire les étrangers & leur argent en France. Et de peur que ces richeſſes n'enflent par trop le courage du peuple François, il les tire dans ſon épargne, & s'en ſert pour tenir ſes peuples dans l'obéïſſance & les étrangers voiſins dans le reſpeȼt. Les Allemands & les Italiens, qui ont une infinité de Princes, ont auſſi une infinité de moyens de ſe conſerver. Mais ils doivent avoir pour but général d'empêcher que l'autorité de l'Empereur & du Pape, ne devienne plus grande qu'elle n'eſt. Et les premiers obtiennent l'effet de leur deſir par la capitulation qu'ils préſentent à Sa Majeſté, & les ſeconds en tenant une porte ouverte pour être ſecourus des François, au cas que Sa Sainteté, ou quelqu'autre Prince entreprit de les aſſujettir.

(66) *Les coups d'Etat peuvent marcher ſous la définition que nous avons déja donnée aux maximes d'Etat.* Si les coups & les maximes d'Etat peuvent avoir une même définition, ils peuvent auſſi être une même choſe, puiſque toutes les bonnes définitions expliquent l'eſſence des choſes définies par le genre prochain & la différence ſpécifique. L'on peut donc aſſurer que M. Naudé ſe trompe, ou en ce qu'il diſtingue les maximes d'Etat des coups d'Etat, ou en ce qu'il leur donne une même définition : & même il ſemble qu'il ſe contredit lui-même, quand il aſſu-

re qu'aux maximes d'Etat toutes les formes
de légitimer une action, en précédent les
effets ; & au contraire aux coups d'Etat,
le coup précede la menace ; & l'on a soin
de surprendre celui ou ceux que l'on veut
accabler. Nous verrons ci-après, si tout ce
que notre Auteur nomme coups & maximes d'Etat, peut être compris sous la définition qu'il leur donne.

(67) *Il ont toutefois cela de bon que la
même justice que nous avons dit être dans
les maximes d'Etat s'y rencontre.* Les
plus grands hommes peuvent broncher,
& les esprits les plus éclairés sont capables
d'erreur. Ce que M. Naudé dit ici nous
en fournit un exemple signalé, & je puis
assurer que je ne vois pas comment il pourroit donner la moindre couleur à ce qu'il
vient de nous dire. Il est impossible de se
persuader que ce grand personnage ait bien
pensé à ce qu'il écrit ici ; ni qu'il se sou-
vienne qu'il a logé au nombre des maximes d'Etat, la loi Salique qu'on observe en France, la défense que les Chinois
font aux étrangers, d'entrer en leur pays,
la loi desDiscoles qu'on pratique à Luques,
la détention des Princes d'Ethiopie sur le
Mont Amare, & quantité d'autres qu'on
observe avec grande exactitude dans tous
les Etats. Certainement il y a autant de
différence entre l'injustice qui se rencontre

dans ces maximes, & celle qui fe rencontre dans les coups d'Etat, qu'il y en a entre la clarté & les ténébres. Je ne crois pas que le plus févere Cenfeur puiffe blâmer la France de ce qu'elle exclut les Princeffes Royales de l'héritage de leurs peres, de peur que le Royaume ne tombe fous la domination des étrangers. Je ne vois point que les Chinois commettent une injuftice en ce que pour conferver les anciennes coutumes de leur pays, ils en défendent l'entrée aux étrangers qui en pourroient introduire de nouvelles & préjudiciables à leur Etat. Je ne crois point auffi que les Luquois faffent tort aux débauchés qui ne veulent point vivre felon les Loix de leur République, quand ils les envoyent faire leurs débauches hors de leur ville. Je ne vois pas auffi en quoi les Ethiopiens pêchent contre la juftice, quand pour éviter les troubles que leurs Princes pourroient exciter dans leur pays, ils les obligent de demeurer fur une montagne belle, fertile, d'un air excellent, longue de trois lieues, & large prefque d'autant, où ils ont tout ce qui les peut rendre heureux, s'ils fe veulent contenter ce qui eft jufte. Au contraire, je ne vois pas comment on peut juftifier le maffacre qui fut fait à Paris la veille de

Saint Barthelemi , l'an 1572. l'alliance
que le Pape Alexandre VI. fit avec le Turc
Bajazet , les Parricides que les étrangers
envoyerent plufieurs fois en France pour
égorger le plus brave Roi qui y eût régné
depuis plufieurs fiécles , & une infinité
d'autres qu'on a commis dans tous les pays
de l'Europe, d'Amérique, d'Afie, & d'A-
frique. Sans mentir, il y a une grande
différence entre ces chofes ; & je ne doute
point que ceux qui prendront la peine de
les confidérer , ne m'avouent que M. Naudé s'eft mépris en cet endroit.

(68) *Les exécutions notables du Comte
de Saint Paul fous Louis XI. du Maréchal de Biron fous Henri IV. du Comte
d'Effex fous Elifabeth, Reine d'Angleterre.* Encore que M. Naudé veuille débiter ces exécutions pour des coups d'Etat ,
il me femble qu'on peut montrer évidemment que ce furent des actes d'une juftice ordinaire. Le premier étoit Prince de
la Maifon de Luxembourg, Comté de S.
Paul & de Vermandois, qui avoit époufé Marie , fille d'Amedée I. Duc de Savoye , qui fut depuis Pape , & fœur de
Charlotte , femme de Louis XI. Roi de
France. Ce Seigneur , & par le parentage
qu'il avoit avec le Roi , & par fon expérience au métier des Héros , fut fait Con-

nétable de France. Mais abusant des troupes que le Roi son Maître lui entretenoit , des forteresses qu'il possédoit entre la France & les Pays-bas , il nourrissoit & augmentoit de tout son possible la mésintelligence qui étoit entre le Roi son Maître , & Charles le Brave , Duc de Bourgogne. Sa malice ayant duré quelque tems , elle vint à la connoissance de ces deux Potentats , qui jurerent sa ruine , & promirent tous deux que le premier qui se pourroit saisir de sa personne l'envoyeroit à l'autre pour le faire mourir. Ayant donc commis beaucoup de choses indignes de son rang , le Duc Charles le prit à Peronne , où il s'étoit retiré , & le livra aux gens du Roi , qui lui fit faire son procès par les Juges ordinaires , & il eut la tête tranchée. Au reste , la sentence de mort portoit qu'il avoit été convaincu de plusieurs trahisons , qui furent prouvées par des papiers signés de sa main , & scélés du cachet de ses armes. Charles de Gontaud , fils d'Armand , Baron de Biron , Maréchal de France , servit le Roi avec un zéle incomparable , tandis qu'il fit la guerre pour monter sur le trône. Ses grands & signalés services lui acquirent une bienveillance extraordinaire de son Roi , qui le fit Duc , Pair & Maréchal de France. La paix étant faite , le

Roi

Roi l'envoya en Ambaſſade au Pays-Bas;
& là les Eſpagnols déſirant de le perdre,
le louerent ſi hautement & parlerent ſi
avantageuſement du bienfait qu'il auroit
obtenu du Roi Philippe, s'il lui eut rendu
autant de ſervices qu'il en avoit rendu à
Henri le Grand, qu'ils le jetterent hors
des bornes de ſon devoir. Peu après le Duc
de Savoye alla en France, & eut le moyen
de lui faire eſpérer l'effet de ſon ambition.
Il employa toutefois de ſes confidens, qui
le porterent à vouloir tuer le Roi & parta-
ger ſon Royaume avec ſes ennemis. La
Fin, parent de Biron, découvrit le Traité
au Roi, par un écrit de la main de ce
grand & malheureux perſonnage. Le Roi
lui en parla, il avoua l'affaire, le Roi la
lui pardonna, & peu après il retomba dans
ſa premiere conſpiration. Alors le Roi le
fit venir en Cour, pour tâcher de le ſau-
ver ; mais il fut impoſſible, parceque l'o-
piniâtreté du coupable ne le permit pas.
Il fut donc mis à la Baſtille, où étant convaincu de ce crime, il fut condamné &
exécuté à mort par la main du bourreau.
Le Comte d'Eſſex eut le bonheur d'être
connu, & aimé d'Eliſabeth, Reine d'Angleterre. Cette Héroïne l'employa en diver-
ſes rencontres ; il conduiſit le ſecours qu'elle envoya au Roi Henri le Grand, tandis

Tome I. Y

que le Duc de Mayenne appuyé des forces de Rome & d'Efpagne lui difputoit la Couronne. Alors il portoit un des Gans de fa Reine attaché au cordon de fon chapeau, pour marque publique de la grace que la Reine lui faifoit de l'aimer. Peu après il prit Cadix en Efpagne, & fit trembler Lifbonne en Portugal ; mais enfin fon efprit, ou plûtôt fon orgueil infatiable le retira de fon devoir. Il mit en délibération s'il devoit fe rendre maître de la Tour de Londres, ou du Palais de Weftmunfter, où la Reine étoit logée. Et cette action obligea la Reine d'envoyer chez lui des Commiffaires pour en informer. Alors le Comte fit arrêter les Commiffaires, & fe fiant à la faveur du peuple, il vint à Londres avec trois cens chevaux, & tout le peuple le reçût comme le Reftaurateur du Royaume d'Angleterre. Cette action troubla merveilleufement l'efprit de la Reine, & pour remédier au mal qu'elle lui pouvoit apporter, Sa Majefté fit publier que le Comte lui en vouloit, & qu'il avoit des deffeins trop relevés. Alors le peuple crut que fon devoir l'obligeoit à fuivre le parti de la Reine, & abandonna le Comte, qui fut mis en arrêt. Tout cela n'abbattit point fon courage ; & la Reine qui defiroit qu'il reconnut fa faute, & qu'il en demandât

pardon, ne pût point obtenir qu'il s'humi-
liât. Pour cette caufe elle le mit entre les
mains de la juftice ; & ayant été condamné par le Sénéchal d'Angleterre, afsifté de
neuf Comtes, d'un Vicomte, & de qua-
torze Barons, il eut la tête tranchée dans
la Tour de Londres. Biron le fuivit peu
d'années apès, en la même peine, dans la
Baftille de Paris. L'on pourroit demander
pourquoi les grands fervices qu'ils avoient
rendus ne fauverent pas ces deux illuftres
perfonnes d'une mort infâme ? Et je réponds qu'en la vie, en l'amour, & en l'E-
tat, l'on ne confidére que le tems préfent ;
& qu'un ferviteur qui oublie fon devoir,
fait oublier toutes les actions qu'il avoit
faites auparavant.

(69) *Du Marquis d'Ancre, fous le
Roi à préfent régnant, des deux freres
fous Henri III.* Ce miférable Marquis,
étoit né Gentilhomme Florentin. Il fuivit
Marie de Médicis l'an 1600. lorfqu'elle
fut donnée en mariage à Henri le Grand,
Roi de France. Et voyant qu'Eleonor de
Galigay, aufsi Florentine, & femme de
bas lieu, étoit aux bonnes graces de la
Reine, il l'époufa. Ce mariage & les fervices que le Marquis rendit, ne l'avan-
cerent pas beaucoup, tandis que le grand
Henri vécut, d'autant que Sa Majefté

haïssoit ces deux personnes, qui contribuoient beaucoup à rendre la Reine de mauvaise humeur, & peu amie du Roi. Enfin le Roi étant mort le 14. de Mai 1610, la Reine sa femme fut Régente du Royaume, & Conchini, (c'est ainsi que le Marquis d'Ancre avoit nom) eut grande part aux affaires d'Etat. Peu après il gouverna entierement l'esprit de la Reine par les artifices de sa femme & par les siens, & ils devinrent tous deux si insolens, qu'à peine souffroient-ils un homme de bien & de condition auprès de Sa Majesté. Leur tyrannie passa si avant que le Roi Louis XIII. ne pouvoit pas garder auprès de sa personne les troupes qui lui étoient le plus affidées, si elles n'étoient agréables à Conchini. Cet homme se fit Maréchal de France, premier Gentilhomme de la Chambre, Lieutenant Général du Roi en Normandie, & Gouverneur en particulier de plusieurs bonnes places, Marquis d'Ancre en Picardie, & Maître absolu des finances du Roi. Tellement qu'il devint prodigieusement riche. Ses richesses, son insolence, le mépris qu'il faisoit des Grands, & l'appréhension qu'il donna au Roi qu'il en vouloit à sa personne, & que son Etat & lui étoient en danger, furent cause que le Roi le fit tuer lorsqu'il entroit dans le Louvre le 24. d'Avril 1617. L'on peut voir dans l'hiſtoire des plus Illuſtres favoris, comment cette mort lui fut donnée & procurée. Et ici je penſe qu'il n'eſt pas hors de propos de dire que ſa condition étant très-médiocre, & lui étranger, haï de toute la France, appuyé ſeulement de quelques petits compagnons de ſa cabale & ſes créatures, le Roi auroit pû le mettre entre les mains du Parlement de Paris ſans aucun danger, & pour cela il ſemble que ce coup d'Etat n'étoit pas néceſſaire.

Ce que M. Naudé dit des deux freres eſt beaucoup plus conſidérable. Ces freres étoient, Henri Duc de Guiſe, & Louis Cardinal de Lorraine, qui diſpoſoient abſolument du cœur de la plus conſidérable partie de la Nobleſſe Françoiſe, & les villes les plus puiſſantes du Royaume ne juroient que par le grand nom de Guiſe. Le Duc avoit chaſſé le Roi de Paris, & voyant qu'il le craignoit, il l'obligea d'aſ-ſembler les Etats du Royaume, où il pré-tendoit de le faire déclarer indigne de ré-gner, & l'enfermer dans un Monaſtere. Il diſpoſoit à ſa volonté de tous les Dépu-tés aux Etats Généraux. Le Roi n'avoit plus aucune autorité, & tout le monde le regardoit comme un ſoleil couchant, ou comme un Prince indigne de régner.

Voyant donc ou par ſes yeux, ou par ceux du Duc d'Epernon, qùe c'étoit fait de lui s'il ne prévenoit le Duc de Guiſe, il le fit poignarder tandis qu'il entroit dans le Cabinet de Sa Majeſté; & ſelon toutes les apparences, s'il fut monté à cheval pour aller ranger les Pariſiens à leur devoir, il en ſeroit venu à bout, parceque le peuple étoit étourdi de la perte de ſon Chef. Mais s'étant amuſé à voir les cahiers des Députés de l'aſſemblée de Blois, il donna le loiſir à ſes ſujets mutins de reprendre courage, & au Duc de Mayenne, troiſiéme frere de Meſſieurs de Guiſe, de les venir ſecourir. De ſorte que le Roi fut contraint d'aſſiéger Paris; & un jeune Moine Jacobin eut la hardieſſe de l'aller tuer à Saint Cloud, dans ſon logis, au milieu de ſes gardes. La mort de ce Roi n'empêche pas que les habiles hommes ne diſent que la mort violente des Princes de Guiſe n'ait été un véritable coup d'Etat. Et ſelon le ſentiment du Pape Sixte V. il n'y manqua rien, ſinon qu'il fut exécuté trop tard.

(70) *De Majon ſous Guillaume, Roi de Sicile, de David Riccio ſous Marie Stuard, Reine d'Ecoſſe.* Ces deux favoris furent de très-bas lieu, & très-inſolens, comme nous allons voir; le premier étoit

de Barri, ville de la Pouille, fils d'un Marchand d'huile, & parce qu'il avoit beaucoup d'efprit, il paffa par degrés juf-qu'aux premieres charges de fon pays. Il fut premierement Notaire du Palais, puis Chancelier, & enfin grand Amiral de Si-cile, & favori de fon Roi. Ce petit com-pagnon trouva le moyen de s'infinuer à la bienveillance de Guillaume I. fils de Robert Roi de Sicile. Et bien que ce Roi eut un jugement fublime & un courage héroïque, il fe laiffa gouverner fi abfolu-ment par ce favori, que durant quelques années il ne vouloit voir que lui & l'Ar-chevêque de Palerme fa créature. Mais cet infolent ayant perfécuté à outrance plufieurs années durant les Grands du pays, qui de leur côté ne pouvoient pas fouffrir la paillardife de Majon, & les au-tres excès infinis qu'il commettoit effron-tément contre les principaux Seigneurs du Royaume; ils conjurerent contre lui, & firent rebeller le peuple. Enfin Bonello, que Majon avoit choifi pour fon gendre, le tua lorfqu'il fortoit du logis de Hugue, Archevêque de Palerme, lequel il avoit vifité pour l'obliger à prendre du poifon au lieu d'une médecine. Bonello ne pour-fuivit pas fa victoire avec affez de vi-gueur; & ayant conjuré contre la perfonne de son Roi, il en fut la proye. Car le Roi lui fit crever les yeux & le mit dans une prison où il mourut misérable ; & ce Roi qui fut surnommé le Méchant, mourut en paix, & laissa son Royaume à Guillaume II. son fils.

David Riccio, que d'autres nomment David Riz, étoit Piemontois, fils d'un Musicien, & Musicien lui-même. Ce pauvre garçon n'ayant pas de quoi vivre chez lui, se retira à Nice de Provence, où le Duc de Savoye tenoit sa Cour en ce tems-là, & n'y trouvant pas ce qu'il espéroit, il se mit à la suite du Comte de Morete, que le Duc envoyoit Ambassadeur en Ecosse. Etant donc à Edimbourg, il apprit que la Reine Marie Stuard aimoit la Musique, & qu'elle chantoit passablement. Pour cette cause, il tâcha d'avoir l'honneur de chanter seul en la présence de Sa Majesté. Cette Dame l'entendit deux fois seul, & fut tellement touchée de la bonté de sa voix, qu'elle le mit au nombre de ses Musiciens. Puis elle lui donna la charge de Secretaire de ses commandemens, afin de pouvoir discourir plus familierement avec lui. La faveur de la Reine rendit cet homme insolent, & enfin insupportable aux Grands & aux petits. Et toutefois parce que tout passoit par ses mains, plusieurs des principaux Seigneurs

gneurs lui faifoient la cour. Mais le Comte de Morrai, frere bâtard de la Reine,
fe réfolut de le ruiner. Plufieurs autres fe
joignirent au Comte, & David qui connut le danger, fe voulant fortifier contre
le Comte, porta la Reine à la réfolution
d'époufer Henri Stuard d'Arlai, fils du
Comte de Lenox, beau & jeune Seigneur,
& fema de la divifion entre lui & Morrai.
Peu après la Reine fe repentit d'avoir fait
ce mariage, méprifa fon mari, & lui commanda de fe retirer en une de fes maifons.
Alos David eut toute l'autorité que le Roi
devoit avoir. Il mangeoit à la table de la
Reine, & fouvent elle alloit manger à fon
logis avec lui, où il avoit de plus beaux
& de plus précieux meubles que le Roi.
Enfin cette faveur de David devint telle,
que perfonne ne la pouvoit plus fupporter. Et le Roi fe réfolut de le faire mourir,
ce qui fut fait par le moyen de Rethuin,
de Duglas, & de Lindefon fes parens.
Ces Seigneurs entrerent dans le Cabinet
de la Reine, trouverent David à table
avec elle, & la Reine les voyant armés,
eut grand peur. Ils lui dirent pourtant
qu'ils avoient ordre du Roi de la traiter
civilement, & de tuer David, & ils le firent, encore que la Reine fît tout ce qu'elle put pour les en détourner. Cet Etran-

Tome I.   Z

ger qui fut malheureux pour avoir été trop
heureux , eut à faire à une Princesse qui
lui conserva son affection , même après sa
mort , car elle le fit ensevelir en la sépulture où le Roi son pere avoit été enseveli.

(71) *De Spurius Metius , de Sejan ,*
& de Plautian sous divers Empereurs.
J'ai cherché l'histoire du premier de ces
favoris de la fortune , & ne l'ai point trou-
vée. Les deux autres sont connus de tout
le monde ; & l'on trouve peu de personnes qui ne parlent du pouvoir que Séjan
eut sur l'esprit de Tibere , & de l'artifice
dont ce Prince usa pour le faire mourir.
Jean-Baptiste Manzini a fait un discours
en Italien de la chute de ce malheureux ,
où il a déployé tous les attraits de l'éloquence , & expliqué au long toutes les
faveurs que la fortune lui fit pour le faire
tomber de plus haut. D'autres en ont fait
de même. Plautian qui a moins rempli du
papier des autres, remplira plus du mien. Je
dis donc que peut-être de tous les coups
d'Etat que M. Naudé raconte , il n'y en a
point où les têtes couronnées ayent usé de
tant de justice qu'en celui-ci. Plautian
étoit un pauvre Africain de la même ville
où l'Empereur Sévere étoit né , & n'avoit
en lui aucune chose capable de l'avancer ,

finon qu'il avoit eu l'honneur d'être connû de cet Empereur en fa jeuneffe, & de lui avoir rendu quelque fervice. L'Empereur s'en fouvint lorfqu'il fut fur le trône, le prit en grace, & lui fit tant de bien, qu'il vouloit que fes enfans euffent part à l'Empire, car il obligea Antonin fon fils, d'époufer la fille de Plautian. Cette alliance fut caufe de fa mort, d'autant que ce jeune Prince ne pouvoit aimer ni fa femme, ni fon beau-pere, & menaçoit de les faire mourir quand il feroit Empereur. Pour cette caufe, Plautian envoya Saturninus au Palais avec ordre de tuer le pere & le fils. Celui-ci fit fçavoir à l'Empereur le deffein de Plautian, & le commandement qu'il lui avoit donné ; & parce que l'Empereur ne le vouloit pas croire, Saturninus envoya dire à Plautian que tout étoit fait felon fa volonté. Plautian vint au Palais, & fon éloquence gagna tellement l'Empereur, qu'il auroit mis Saturninus entre les mains du bourreau, fi Plautian n'eût été trouvé armé d'une cuiraffe. Mais cette cuiraffe fut caufe qu'il reçût le loyer de fon infidélité, & qu'il fut tué comme ennemi de Sa Majefté.

(72) *Lorfque les Vénitiens difent, Siamo Venitiani e doppo Chriftiani ; qu'un*

Prince Chrétien appelle le Turc à fon fecours : Il me femble qu'en cet endroit le fieur Naudé s'éloigne de fon but, & que c'eft fans aucune raifon qu'il appelle *coups d'Etat*, les actions qu'on ne peut aucunement excufer d'impiété. Je ne fçai pas fi les Vénitiens ofent affurer qu'ils font plus Vénitiens que Chrétiens, c'eft-à-dire, qu'ils ont plus de foin de l'Etat, que de la Religion. Il eft toutefois certain que la piété conferve les Etats, & que l'on ne peut mieux appuyer le bien, le repos, & la grandeur des Républiques, que fur le fondement de la Religion. La Seigneurie de Venife a toujours fait profeffion ouverte d'aimer & de craindre Dieu, & plufieurs Ecrivains la nomment très-Chrétienne, & très-Religieufe. Je fçai bien qu'elle s'eft oppofée plus d'une fois à la violence des Papes trop impérieux, & qu'elle a pris les armes contre eux pour la défenfe de fa liberté. Mais en cela elle n'a rien fait que les autres Souverains ne faffent toutes les fois que le fiége Romain tâche de les opprimer. Je crois donc que la devife que M. Naudé donne aux Vénitiens, doit être entendue autrement qu'il ne l'entend, & qu'il faut dire, *Doppo Chriftiani, Siamo Venetiani.* C'eft-à-dire, qu'a-

près avoir donné à la Religion & à la piété
ce qu'ils leurs doivent , il n'y a rien qu'ils
ne faſſent pour la conſervation de leur liberté. Nous avons déja condamné ceux
qui ſe liguent avec le Turc contre les
Chrétiens , & nous ajoutons ici que ſi c'eſt
un *coup d'Etat* , c'eſt un de ceux qui le
ruinent , & qui apportent au public un
dommage irréparable , par la perte que le
Prince fait de ſa réputation , & qu'il ne
peut être compris ſous la définition qui dit
que le coup d'Etat eſt , *Exceſſus Juris communis propter bonum commune.*

(73) *Henri VIII. fit révolter ſon Royaume contre le Saint Siége , le Duc de Saxe
fomenta l'héréſie de Luther , Charles de
Bourbon prit Rome.* Pour bien entendre
comment & pourquoi Henri·VIII. Roi
d'Angleterre fit révolter ſon Royaume contre le Pape , il faut remarquer que le Roi
Henri VII. ſon pere , eut un fils aîné nommé Artus , qui en l'âge de quinze ans épou-
ſa Catherine , fille de Ferdinand , Roi d'Eſpagne , ſœur de Jeanne , mere de l'Empereur Charles V. Artus mourut ſix mois
après ſes nôces , l'an 1503. (ſelon Sande-
rus , en ſon Livre de *ſchiſmate Anglicano*)
avant qu'il eut conſommé le mariage. Mais
Bacon de Verulamio , Chancelier d'Angleterre , en parle autrement en la vie du Roi

Henri VII. Quoi qu'il en foit, Catherine fut donnée à Henri VIII. frere d'Artus, l'an 1509. Ces mariés vêcurent enſemble plus de vingt ans, & eurent quelques enfans. Enfin Anne de Boulen, qu'on croyoit être fille de Henri VIII. lui agréa plus que Catherine, & pour cela il répudia celle-ci, pour épouſer celle-là, l'an 1533. Henri demanda au Pape diſpenſe pour ce ſecond mariage, diſant qu'il ne pouvoit en bonne conſcience habiter avec Catherine, pour avoir été femme de ſon frere. Alors les Papes Clément VII. & Paul III. qui ſiégerent l'un après l'autre, refuſerent cette diſpenſe, ou parce que leur conſcience les y obligeoit, ou parce que l'Empereur Charles les en requeroit. Cependant Henri ayant appris qu'Anne de Boulen l'envoyoit à cornuaille, la fit décapiter l'an 1536. & contraignit ſes ſujets à le reconnoître Souverain en Angleterre, tant pour le ſpirituel, que pour le temporel. Au reſte, je crois qu'il fut bien-aiſe de trouver cette occaſion pour garantir ſon Etat de la ſujétion de Rome, car il étoit obligé de lui payer tribut.

Pour ce qui concerne l'Electeur de Saxe, & la protection qu'il départit au Docteur Luther, il faut ſçavoir que le Pape Leon X. ayant beſoin d'argent pour fournir à la

dépense de sa sœur, qui étoit excessi-
vement prodigue, il envoya en Allemagne
des vendeurs d'Indulgences. Ces gens userent d'une impudence incroyable, & ven-
dirent la rémission des péchés commis &
de ceux qui étoient encore à commettre.
Plusieurs hommes de bien se scandalise-
rent de cette nouveauté ; & Martin Luther, Docteur en Théologie, qui étoit
alors Professeur à Wittemberg, grand &
docte personnage, fit imprimer quatre-
vingt-quinze Thèses sur cette matiere, &
sembla s'opposer, non pas au Saint Siége,
mais aux insolens qui abusoient des graces
du Pape. La hardiesse de Luther fâcha
Leon, qui écrivit à Fridéric III. Electeur
de Saxe, & le pria de ne point souffrir sur
ses terres & protéger encore moins Luther,
qui osoit attaquer l'Eglise, & écrire des
choses impies & hérétiques ; & au même
tems il lui ordonna de mettre ce Moine
entre les mains du Cardinal Cajetan, son
Légat en Allemagne, qui l'envoyeroit à
Rome. Alors Luther qui sçavoit combien
il est dangereux d'être au pouvoir de ses
ennemis, supplia l'Electeur qu'il tâchât
d'obtenir du Cardinal, que Luther défendit sa cause en Allemagne. L'Electeur obtint ce que Luther demandoit, & l'affaire
n'ayant pû s'accorder à Ausbourg, Luther

fe retira en Saxe, où il travailla vertement
à la réforme de l'Eglife, & cette réforme
s'eft épandue en plufieurs grandes & belles
Provinces de l'Europe. Tellement que le
coup d'Etat de l'Electeur Frideric III. fut
utile à plufieurs, puifqu'il délivra du joug
Papal les Rois de Suede & de Dannemarc,
& plufieurs Princes Allemands, & mit la
maifon Séréniffime de Saxe en une haute
réputation.

La prife de Rome par Charles Duc de
Bourbon, n'eut pas le même fuccès que
les autres *coups d'Etat* dont nous venons
de parler. Puifque ce Prince quitta le fervice de fon Roi, & fit beaucoup de dommage à foi, à fa Maifon & à fa Patrie. Sur
quoi il faut remarquer que Louife de Savoye, mere du Roi François I. croyant
avoir de juftes prétentions fur une partie
des biens de ce Duc, le convint au Parlement de Paris. Quoique le Duc fût premier Prince du Sang & Connétable de
France, il craignit la faveur de fa partie,
& pria le Roi de faire affoupir le procès par
fon autorité. François répondit au Duc
qu'il vouloit laiffer à la juftice le moyen
de faire droit aux parties, & qu'il ne devoit point douter que ce qui lui appartenoit ne lui fut confervé. Cela nonobftant
le Duc craignit la perte de fon bien, oublia

son devoir & son honneur, passa au service de Charles V. Empereur & Roi d'Espagne, & parce qu'il étoit Prince de grande valeur & de cœur héroïque, il fut fait Général des armées de Sa Majesté Impériale. Tandis qu'il exerçoit cette charge, il défit le Roi François devant Pavie ; & la ligue qui se fit contre l'Empereur ayant éclaté, il fit mine de vouloir assiéger Florence, & tournant tête vers Rome, il s'en approcha, l'assaillit, & encore qu'il eût été tué à l'assaut, la ville fut prise & pillée. L'on voit encore son corps dans l'Eglise de Gaëte, où il est debout dans une caisse, appuyé sur un bâton de commandement, botté, & revêtu d'une casaque de velours verd, chamarée de galon d'or, & son chapeau sur la tête. Henri Duc de Guise, qui le vit en sortant de prison, dit qu'il étoit de belle taille, & des plus grands hommes de son tems. Il est là depuis l'an 1527. auquel il prit Rome, le 9. jour de Mai, & n'a encore été honoré d'aucune sépulture, bien que les Espagnols ayent fait de lui cet Epigramme ; *Francia me dió la leche, España fuerça y ventura, Roma la muerte, Gaeta la sepultura.*

(74) *Clovis I. Roi Chrétien en commit de si étranges,* &c. La vie de Clovis I. Roi Chrétien, & cinquiéme Roi de Fran-

ce, qui fut baptifé en l'âge de trente ans, celui de Chrift 500. eft fi pleine d'accidens mémorables, que ceux qui les confidérent, font en peine de juger fi fes vertus ont été plus grandes que fes vices. Il parvint à la Couronne en l'âge de quinze ans, il en régna trente, extermina ce qui reftoit de Romains en Gaule, leur ôtant Soiffons, Compiegne & Senlis, & faifant décapiter Syagrius, qui en étoit Gouverneur. Le droit de bienféance, ajouté à quelques plaintes que Clovis faifoit de ce que les Wifigots étendoient par trop leurs frontieres, & donnoient retraite aux François malfaiteurs, fut caufe qu'il fit la guerre à leur Roi Alaric. Ce Prince fut tué de la main de Clovis, en la chaleur du combat, & Almaric fon fils, qui voulut avoir raifon de la mort de fon pere, fut vaincu & fe retira en Italie vers les Oftrogots. Avant la défaite des Gots, Clovis eut une autre befogne à faire, car quatre freres, Rois de Bourgogne, fe détruifant eux-mêmes par leur cruauté, obligerent Clovis de s'en mêler ; & il eut le moyen de fe rendre maître de leur Etat. Enfin Almaric revint avec quatre-vingts mille hommes, donna bataille à Clovis, le vainquit, & recouvra une partie de ce qu'il avoit perdu. Depuis ce tems-là Clovis ne fit plus que les actes de cruauté dont M. Naudé parle ici. Ce Prince avoit des parens, Roitelets de Cambrai & d'Amiens : il eut moyen de corrompre les serviteurs de Ragnacaire, Roi de Cambrai, qui le menerent à Clovis, lui & son fils, pieds & poings liés. Alors Clovis les voyant en cet état, leur dit, *avortons indignes de la race de Mérovée, n'avez-vous pas honte de vous être laissé lier ainsi ? payez le deshonneur que vous faites à notre sang*, & les assomma tous deux d'une masse d'armes qu'il avoit à la main. En même-tems, ou peu après s'étant saisi de la personne de Chararie Roi d'Amiens, & de son fils, il les condamna à mourir dans un Monastere, & le pere pleurant de ce qu'on le rasoit, son fils lui dit : ces branches vertes renaîtront, car le tronc n'est pas mort ; mais Dieu fasse périr celui qui les fait couper. Clovis apprit le contenu de ce discours, & dit, puisqu'ils se plaignent de ce qu'on leur coupe les cheveux, qu'on leur coupe la tête, & cela fut fait. Ce sont-là des étranges coups d'Etat. Mais puisqu'il en fit un autre digne de mémoire, je ne le veux pas oublier. En la guerre qu'il fit aux Allemans, en faveur des Sicambriens, il obtint la victoire, & obligea les Suabes de lui donner des ôtages & de lui payer tribut. Peu après il se fit Chrétien, & voulant montrer que sa conversion l'avoit rendu plus humain, il renvoya les ôtages, & adoucit la pesanteur du joug qu'il leur avoit mis sur le col.

(75) *Charles VII. se contenta de pratiquer celui de Jeanne la Pucelle*. Les choses qui ont peu d'apparence de vérité ôtent le crédit à ceux qui les écrivent; M. Naudé veut faire passer l'histoire de la Pucelle d'Orleans pour un artifice du Roi Charles VII. & sans mentir, je ne vois pas sur quel fondement. Cette fille n'avoit jamais vû la Cour, & sa qualité de Bergere la rendoit inconnue au Roi & à tous ses Courtisans. Voici ce que je sçai de cette fille, & ce qui me persuade qu'elle fut ordonnée de Dieu, & non pas du Roi Charles, à la restauration de la France. Orleans étoit assiégé, & la plus grande partie de la France entre le mains des Anglois, le Roi Charles ne sçachant presque plus de quel bois faire fléche, Dieu suscita un reméde du tout extraordinaire, qui releva les cœurs abbatus. Une fille de bas lieu, que Jacques d'Arc son pere, & Isabeau sa mere avoient nourrie à garder les brebis, âgée de dix-huit à vingt ans, disoit hardiment qu'elle avoit révélation de secourir Orleans, d'en chasser les Anglois, de faire couronner le

Roi à Rheims, & de le remettre en la jouif-
fance de tout fon Royaume. Cette Bergere
étoit du village de Donremi, près de Vau-
couleur, où le fieur de Baudricour étoit
Baillif. Elle s'adreffa à lui, & l'affura que
Dieu la deftinoit au rétabliffement de la
France ; il ne le crût pas, & toutefois il en
avertit le Roi qui le crût auffi peu que lui.
Il commanda pourtant de la lui envoyer.
Elle arriva à Chinon le 6. de Mars 1429.
habillée en homme, & fe préfenta à la
Cour, qui trouva la chofe ridicule, mais
l'on jugea à propos d'en faire un effai. Le
Roi s'habilla en payfan, & fit introduire
cette fille, qui l'alla faluer en cet habit ;
& quand on lui dit qu'elle fe trompoit,
elle répondit qu'elle fçavoit bien le contraire. Alors elle parla du commandement
qu'elle difoit avoir du Roi du Ciel avec
tant d'affurance, qu'elle convertit fur foi
les yeux de tous les affiftans. Enfin l'on
commença d'ajouter foi à fes paroles, &
le Roi ne fe trompa point, puifqu'elle fit
lever le fiége d'Orleans, mena le Roi à
Rheims, le fit couronner & triompher plufieurs fois d'un ennemi qui n'avoit jamais
fait que vaincre. Tellement que je ne vois
pas comment le Roi Charles peut avoir
pratiqué ce coup d'Etat, ni fur quel fondement le fieur Naudé l'ofe affurer. Ceux

qui douteront de ce que je dis, pourront voir l'Hiſtoire de France, & trouveront que tous les Hiſtoriens d'un commun accord ſont de même avis que moi.

(76) *Louis XI. viola la foi donnée au Connétable*, &c. Ceux qui croyent qu'il eſt permis de manquer de foi à celui qui en a manqué le premier, excuſeront aiſément l'action de Louis XI. Roi de France, & diront que Pierre de Luxembourg, Comte de S. Paul, Connétable de France, fut cauſe du malheur qui lui avint. Philippes de Comines, Seigneur d'Argenton, dit au Chapitre 47. de ſes Chroniques, que les terres de ce Connétable étoient entre la France & les Etats du Duc de Bourgogne, & qu'il les vouloit toujours tenir tous deux en crainte. En un autre endroit, le même Auteur dit que le Connétable nourriſſoit les guerres & la méſintelligence qui étoit entre le Roi Louis & Charles, Duc de Bourgogne. Puis continuant au Chapitre 61. il montre que le Connétable étoit devenu ſi inſolent, qu'en une aſſemblée il donna un démenti au Seigneur d'Himbercourt, Député du Duc, qui lui répondit que ce n'étoit pas lui, mais le Roi qui étoit offenſé de ce démenti, puiſqu'il étoit-là ſur ſa parole, & le Duc de Bourgogne, de qui il repréſen-

toit la perfonne. Et il ajoute, que *cette feu-*
le vileinie lui coûta la vie. Enfin le Duc
de Bourgogne étant au fiége de Neus, il
lui envoyoit fouvent des Députés, qui
l'affuroient qu'il vouloit mettre la ville
de Saint Quentin entre fes mains, &
quand fes gens étoient de retour, il en
envoyoit d'autres au Roi pour lui perfuader le contraire de ce qu'il faifoit, & pour
nâger toujours entre deux eaux, il trompoit le Roi & le Duc. Il fut pourtant trompé lui-même ; car enfin le Duc eut le
moyen de fe faifir de fa perfonne, laquelle fut mife entre les mains du Roi,
qui lui fit faire fon procès. Je crois bien
que le Roi lui avoit promis auparavant de
ne le point faire mourir. Mais enfin fa
femme, qui étoit fœur de la Reine, étant
morte, & Jacques de Luxembourg fon
frere, qui fervoit le Duc, ayant été fait
prifonnier de guerre, il n'eut plus perfonne qui parlât pour lui ; & fa malice con-
tribua autant ou plus à fa perte que la perfidie du Roi. Ceux qui voudront fçavoir
les autres piéces que ce Roi fit, les trouveront enregiftrées dans l'hiftoire que du
Pleix, Mathieu, & Mezerai en ont écrit
après M. de Comines.

(77) *François I. fut caufe de la def-*
cente du Turc en Italie, & ne voulut ob-

ferver le *Traité de Madrid*. Peu de perfonnes ont approuvé le Traité que le Roi
François I. fit avec Soliman, Sultan de
Turquie, qui envoya une flotte à fon fecours, fous le commandement d'Ariade-
nus Barberouffe. Ce Barbare vint à Mar-
feille avec cent dix Galéres, où le Duc
d'Anguien fe joignit à lui, & tous enfem-
le allerent affiéger Nice de Provence. La
ville fut aifément prife ; mais le château,
qui eft fitué fur une dure roche, & ne peut
être battu ni miné, les obligea de le laiffer
en repos. Barberouffe donc fe retira à Mar-
feille pour fe rafraichir, & de-là il reprit
la route de Conftantinople. Mais avant
qu'il quittât le pays des Chrétiens, il ravagea la côte d'Italie, & fit beaucoup de
prifonniers, au grand deshonneur de la
France qui l'avoit fait venir, & avec un
blâme infini de ceux qui avoient porté le
Roi François à cette extrémité. Tellement
que les plus paffionnés François condam-
nent cette ligue ; & le Maréchal de Mon-
luc n'excufe point fon Roi en fes Mémoires, finon en ces termes, *Dieu me le
pardonne, le défefpoir obligeroit à faire
pis.*

(78) *Quant au Traité de Madrid,
plufieurs ont blâmé le Roi François, &
plufieurs autres l'ont excufé dans leurs
écrits.*

écrits. Ceux qui ont lû l'histoire, sçavent que l'Empereur poussa un peu trop rigoureusement ce Roi prisonnier. Et la réponse qu'il fit à ceux qui lui demandoient de la part de Sa Majesté Impériale, *qu'il renonçât à tous les droits qu'il avoit sur l'Italie, qu'il remit la Bourgogne entre ses mains, qu'il cédât la Provence & le Dauphiné, pour être donnés à Charles de Bourbon, avec le nom & la qualité de Roi,* peuvent bien juger de ce qu'il pouvoit promettre & tenir. Le Roi répondit, *qu'il mourroit prisonnier avant que de faire brêche à son Royaume, qu'il ne pouvoit en aliéner aucune partie sans le consentement des Etats, des Cours Souveraines, & des Officiers entre les mains desquels réside l'autorité Souveraine du Royaume ; qu'il épouseroit Eleonor, sœur de l'Empereur, & reconnoîtroit qu'elle lui apportoit la Bourgogne en dot.* Tout cela n'empêcha point qu'on ne lui fit promettre la redintegrande de la Bourgogne, sans réquerir le consentement ni des Parlemens, ni des Etats ; & par conséquent l'Empereur l'obligea de promettre ce qu'il confessoit être hors de son pouvoir. D'où l'on peut conclure que les Espagnols prirent mal garde à leur sureté, & qu'en cela ils ne peuvent pas blâmer le

Roi François, qui leur avoit dit franchement, qu'il n'étoit pas en son pouvoir
d'aliener la Bourgogne.

(79.) *Charles IX. fit faire l'exécution
mémorable de la Saint Barthelemi &
assassiner Ligneroles & Bussi.* De tous les
coups d'Etat dont M. Naudé a parlé jusqu'ici, pas un n'a été si sanglant que le
massacre que le Roi Charles IX. fit faire
à Paris, la veille de Saint Barthelemi,
l'an 1572. Nous parlerons ci-après du
nombre des morts, & de plusieurs cir-
constances qui précéderent cette action
exécrable. A présent nous dirons seulement qu'il usa de ce cruel moyen pour
pacifier son Royaume, parce que trois Édits
qu'il avoit faits lui sembloient injurieux
à sa réputation, & qu'il n'espéroit point
de pouvoir contenter les Huguenots. En
effet, le régne de Charles IX. fut le plus
malheureux qu'on ait vû en France depuis
le commencement de la Monarchie Fran-
çoise. Ce Prince parvint à la Couronne
en l'âge de dix ans & quelques mois ; il
trouva son Etat en trouble par la réforme
de Calvin, par l'ambition de la Maison de Lorraine qui vouloit précéder la
Royale, & par le desir que Catherine de
Médicis, mere du Roi, avoit de conserver
l'autorité royale en sa personne. Cette

Dame ambitieuse, & qu'on disoit être née pour régner & pour ruiner le pays où elle régneroit, fomentoit les partis, & se servoit de l'un contre l'autre pour se rendre nécessaire. Ce que je viens de dire fut cause que les Princes du Sang Royal embrasserent la Religion Protestante, se firent chefs de parti, & assistés du conseil & de la valeur de l'Amiral de Coligni, qui étoit un des plus braves hommes de son tems, ils donnerent trois batailles rangées aux troupes du Roi, désolérent tout le Royaume, abbatirent plus de dix mille Eglises & Monasteres, contraignirent le Roi de leur donner plusieurs villes de sureté, & d'entretenir à ses dépens les garnisons qu'ils y avoient contre Sa Majesté. Toutes ces choses, & l'impossibilité que le Roi Charles voyoit de pouvoir ranger les Protestans à leur devoir par la force, le firent résoudre au massacre de la Saint Barthelemi. Nous dirons ci-après, avec combien d'artifice il les attira à Paris. Pour Ligneroles & Bussy, je crois qu'ils furent sacrifiés à la Justice, ou à la sévérité du Roi, parce qu'ayant appris quelque chose du desir qu'il avoit de faire mourir les Protestans, ils ne gardérent point le secret, & furent mis à mort pour avoir trop parlé.

A a ij

(80) *Henri IV. fe ligua avec les Hol-*
.landois pour ne rien dire de fa conver-
fion à la foi Catholique. Je ne dis rien ici
de l'action du Roi Henri III. qui fit tuer
le Duc & le Cardinal de Guife aux Etats
de Blois , parce que j'en ai parlé ailleurs ;
& pour ce qui concerne la ligue que le
Roi Henri le Grand fit avec les Hollandois, il femble que les Souverains doivent avoir la permiffion de fe liguer ,
quand & comme bon leur femble, pour
le moins avec les plus foibles, que les
plus forts veulent opprimer. Je fçai bien
que quelques bigots ont trouvé à redire à
celle de ce grand Roi & à celle de fon
fils, qui fe liguerent avec les Proteftans :
mais en ce tems là les Efpagnols étoient
fi formidables , & leur ambition fi décriée ,
que tous les politiques étoient d'avis qu'on
devoit arrêter le cours de leurs profpérités
par toutes fortes de moyens. Henri, Duc
de Rohan, a fait un Traité de l'intérêt
des Princes, où il enfeigne ouvertement
que le Roi d'Efpagne ayant pris pour fondement de fa grandeur la défenfe de l'Eglife Romaine, le Roi Très-Chrétien doit
prendre le contrepied , & témoigner aux
Proteftans qu'encore que leur Religion
lui déplaife, il aime leur liberté, & defi-
re d'empêcher que la Monarchie Efpagno-

le ne la leur ravisse. Tellement que Henri le Grand se liguant avec les Hollandois & avec les autres ennemis de l'Espagne & de Rome, suivit la maxime fondamentale de son intérêt, qui le doit faire passer sur la considération de tout ce que ses ennemis en peuvent dire, parce que c'est l'unique moyen d'attirer à sa dévotion tous ceux qui craignent les Espagnols. Il est vrai que depuis ce tems-là, l'Espagne semble avoir changé d'intérêt, & s'est liguée elle-même avec les Protestans; & pour cela personne ne trouvera plus étrange que le Roi de France fasse la même chose. Pour ce qui concerne la conversion de ce grand Prince, je pense que M. Naudé se méprend, quand il l'ose censurer. Ceux qui en considéreront bien la cause & la suite, loueront sans doute sa prudence. Et sans mentir, je pense que ç'a été le meilleur coup d'Etat qui ait été fait de cent ans. Ce Prince étoit né Catholique, & en sa tendre jeunesse il fut instruit en la doctrine de Calvin par ordre de Jeanne, Reine de Navarre sa mere. En l'âge de dix-neuf ans le Roi Charles lui ayant montré un grand monceau de ceux qui avoient été égorgés au massacre de Paris, lui dit en jurant. *La mort ou la Messe*: Et la juste crainte qu'il eut d'un Prince furieux, & qu'i avoit fa vie entre fes mains, l'obligea de diffimuler pour un tems, mais étant forti de la Cour, il reprit fon premier train. Enfin la Couronne de France lui échût, & fes plus fidéles ferviteurs, & entr'autres ceux de fa religion lui firent voir que jamais il ne pofféderoit paifiblement fon Royaume, s'il ne fe faifoit Catholique; il le fit donc, mais ce fut avec tant de circonfpection, que ceux qui confidérent fa converfion, ont fujet d'admirer fa prudence; & cela nonobftant, le Roi d'Efpagne la vouloit faire paffer pour un coup d'Etat malicieux, perfuadant au Pape qu'il étoit hérétique, relaps & indigne, non-feulement de régner en France, mais encore d'être admis à la communion de l'Eglife Romaine. En effet jamais il n'auroit eu l'abfolution du Pape, fi fes victoires n'euffent obligé le Siége Pontifical de craindre qu'il fe feroit Roi fans lui en avoir aucune obligation. Le Pape donc qui voyoit la profpérité de Henri, lui envoya l'abfolution, & cette abfolution ayant remis les plus opiniâtres Catholiques dans leur devoir, il régna glorieufement, & eut plus de moyen de conferver les Proteftans de fes Etats qu'il n'auroit eu fans ce changement.

(81) *Afin de paffer fous filence beau-*

coup d'autres qu'ils commettent tous les jours ; pour montrer que les Vénitiens se servent des coups d'Etat en toutes les rencontres, & que rien n'est si sacré qu'ils ne violent, quand il s'agit d'aggrandir leur République, il ne faut que faire voir le sujet que les plus grands Princes de l'Europe eurent de se liguer contr'eux l'an de Christ 1509. Le Sénat de cette Seigneurie étoit accusé de mettre ses voisins en querelle, pour pêcher en eau trouble, & de-là vint la ligue dont nous parlons ici. Alors le Pape Jules II. l'Empereur Maximilien I. Louis XII. Roi de France, & Ferdinand V. Roi d'Espagne, conclurent en une assemblée tenuë à Cambrai, qu'ils attaqueroient de concert & à communs frais cette Seigneurie, pour reprendre chacun ce qui lui appartenoit, & lui ôter ce qu'elle tenoit sans raison. Le Pape demandoit Faença, Rimini, Ravenne & Cervie, que les Vénitiens avoient usurpé sur ses prédecesseurs. L'Empereur demandoit Padouë, Vicence & Veronne, qui appartenoient à l'Empire, & les places du Frioul & du Trévisan, qui avoient été du domaine de la Maison d'Autriche. Le Roi de France ne pouvoit rien prétendre en cette qualité ; mais parce que le Duché de Milan lui appartenoit en qualité de

petit-fils de Valentine, fille du Duc Galeas, & qu'en cette confidération il s'é-
toit faifi de ce beau & riche pays, il re-
demandoit les villes de Cremone, de Cre-
me, de Bergame, de Breffe, la Ghiragda-
de, & quelqu'autres petites contrées qui
étoient membres de ce Duché. Le Roi
d'Efpagne prétendoit auffi en qualité de
Roi de Naples, les ports & places qui
avoient été engagées par fes Prédécefleurs
à la République de Venife. De forte que
les Vénitiens n'épargnent ni l'Empire, ni
le Saint Siége, ni aucun Roi ou Prince,
quelque puiffant qu'il foit, quand la fortune leur préfente le moyen d'étendre
les bornes de leur Seigneurie. Enfin ceux
qui fondérent cette République n'avoient
que les petites Ifles fur lefquelles leur
ville eft bâtie, & préfentement ils poffé-
dent & font maîtres abfolus de tout le
Golphe, des côtes de la Dalmatie, de l'If-
trie, du Frioul, & d'une grande étendue
de terre au continent d'Italie, où il y a
quantité de belles, bonnes & fortes villes,
fans compter les Ifles qu'elle poffède dans
la Méditerranée, lefquelles elle a conqui-
fes bien fouvent fans que les anciens Maîtres lui ayent donné fujet de leur faire la
guerre.

(82) *Les Florentins en fe réjouiffant*
de

de la captivité de Saint Louis. Je ne crois
pas que la République de Florence fe ré-
jouit de la prifon de Saint Louis, Roi de
France, par envie de fa profpérité, &
moins encore par amour qu'elle portât aux
Infidéles ; mais parce qu'elle aimoit fon
repos, & craignoit Charles d'Anjou, frere
de ce Saint Roi. Pour bien entendre ceci,
il faut remarquer que la piété & le jufte
defir que Louis IX. Roi de France avoit
de rétablir la foi Chrétienne dans le pays
que Chrift avoit honoré de fa préfence,
tandis qu'il étoit parmi les hommes en
chair humaine, l'obligea de mettre une
puiffante armée fur pied pour paffer en la
Terre Sainte. Ce voyage, quoique jufte-
ment & courageufement entrepris, ne
réuffit point. Le Roi y perdit fon armée,
& y demeura prifonnier. Les Florentins
s'en rejouirent, dit M. Naudé, après le
Villani, fans nous enfeigner la caufe, qui
fut celle-ci. Les Papes & les Empereurs
ont été ennemis auffi long tems que les
derniers ont été puiffans en Italie. Et l'on
ne parle que des guerres que les Papes firent aux Empereurs durant plufieurs fiécles,
fous le nom de Guelphes & de Gibellins.
Or il faut fçavoir que le Pape Urbain IV.
voulant affoiblir la faction Gibelline, pri-
va Mainfroi, fils de l'Empereur Frideric II.

du Royaume de Naples, qui avoit appartenu à son pere & à son ayeul ; & en investit Charles Duc d'Anjou, & Comte de Provence, frere de Saint Louis. Ce Prince voulant reconnoître les obligations qu'il avoit au Pape, perfécutoit les Gibellins de toute sa force, & étoit le plus dangereux ennemi des Florentins, qui tenoient le parti de l'Empereur, ou par inclination, ou par gratitude, ou pour se pouvoir conserver plus aisément. Pour cette cause aussi, ils crurent que la prison de Saint Louis leur étoit avantageuse, en ce qu'elle l'empêchoit de favoriser son frere & le Pape contre leur République. De sorte que l'on peut dire qu'ils se réjouissoient plus de voir leur ennemi plus foible, que de sçavoir ce bon Roi dans la misére.

(83) *La prison de Célestin.* Il n'y a point de doute qu'on n'ait vû de mauvais Papes, & ceux que M. Naudé touche en ce lieu ici, ont été deux des pires qui ayent jamais été. Boniface VIII. qui fit emprisonner le Pape Celestin V. son devancier, & Alexandre VI. qui voulant faire mourir par poison cinq ou six Cardinaux, s'empoisonna soi-même & un de ses fils, furent de terribles Saints. Voyons comment cela se fit. Célestin V. ayant été long-tems Moine, de bonnes mœurs, & de peu de

sçavoir fut élû Pape après la mort de Nicolas IV. l'an 1292. Ce bon homme, qui étoit accoutumé à la simplicité des Cloîtres, ne sçavoit point s'accommoder à la pompe de la Cour & au gouvernement des Etats. Pour cette cause le Cardinal Caëtan, qui lui succeda, & qui prit le nom de Boniface VIII. lui fit plusieurs fois souffler aux oreilles, tandis qu'il étoit au lit pour reposer, que la grandeur du Pontificat le priveroit de la vie éternelle, en lui faisant dire. *Celestine, quid agis, desere thiaram, & redi in Monasterium.* Ce pauvre Prélat, qui croyoit que ce fut une révélation divine, quitta le Papat, & retourna au lieu d'où il étoit venu. Alors Boniface, qui étoit riche, pour être fils d'un Avocat Espagnol, qui avoit acquis de grands biens, brigua le Pontificat & l'obtint par son argent. Et parce qu'il crût que Céleftin, ou quelqu'un de ses amis connoissant la fourbe le pourroit inquiéter, fit mettre ce pauvre Moine en prison, où il mourut un an après. Mais Dieu qui ne laisse pas les grands crimes impunis, permit que Boniface attaquât Philippe le Bel Roi de France. Celui-ci le fit prendre à Anagnia, où il reçût un soufflet, qui le fit mourir demi enragé l'an 1303.

(84) *Le poison d'Alexandre VI. est*

digne de mémoire Ce monstre des Papes, qui fut infâme par sa paillardise, par le peu de soin qu'il eut de la Chrétienté, par l'amour qu'il porta au Turc Bajazet, & par le desir qu'il eut de faire régner en Italie César Borgia son fils, fit mille actions indignes de son rang. Le dernier crime de ce méchant Espagnol, ne fut pas le plus énorme, & c'est celui dont M. Naudé parle ici. Ce Pape voulant ôter du monde cinq ou six Cardinaux, qui étoient ceux qui souffroient le plus mal volontiers sa vie licentieuse, fit préparer un festin dans un de ses jardins proche de Rome, & croyant que ceux qu'il vouloit faire empoisonner ne lui pouvoient plus échapper, il fit mettre du poison dans quatre ou cinq bouteilles de vin, & défendit au Sommellier d'en donner, sinon à ceux qu'il lui ordonneroit. Le Sommellier crût que c'étoit le vin des meilleurs amis. Le Pape étant venu des premiers au jardin avec son fils, ils demanderent du vin, parce que la chaleur étoit grande, & le Sommellier leur donna, sans y penser, la mort au Pape, & une dangereuse maladie au Duc de Valentinois son fils, qui étant jeune & robuste, vainquit la violence du poison, & quelques années après il mourut en un combat. Ce font-là des coups bien étranges, qui nous font clairement connoître que les Papes font hommes. Et ceux qui voudront fçavoir plus au long, qu'ils ne quittent pas leur humanité quand ils s'affeyent fur la Chaire de Saint Pierre, liront, s'il leur plaît, ce que Platine, Balæus, Onuphrius Panvinus, & plufieurs autres en ont écrit.

(85) *Charles d'Anjou fit décapiter Conradin & Frideric d'Autriche.* Il me femble qu'il falloit dire Conradin de Suabe, & Frideric d'Autriche, fi l'on ne vouloit honorer ces Princes du titre de Duc & de Marquis. Et pour faire voir que ce que je dis eft véritable, je veux montrer que ces deux jeunes Seigneurs étoient de deux maifons bien différentes ; & qu'en les faifant mourir, Charles d'Anjou outrepaffa les bornes de l'honnêteté. La maifon du premier a porté la Couronne Impériale depuis l'an onze cens trente-huit, auquel l'Empereur Lothaire **II.** mourut, & eut Frideric Barberouffe pour fucceffeur, jufqu'à l'an 1250. auquel le vaillant Frederic **II.** périt miférablement, fans que perfonne régnât entre deux, finon Otton de Brunfwig, qui ayant été quatre ans fur le trône fut dégradé, & Frideric Roi de Naples fut mis en fa place. Ce Fri-

deric, qui étoit fils de l'Empereur Henri VI. étoit Roi de Naples, & Duc de Suabe de fon chef, & fut pere d'un fils légitime, & d'un bâtard. Le premier nommé Conrad, mourut avant fon pere, & laiſſa un fils nommé Conradin, qui périt à Naples, comme nous allons dire. Le bâtard, qui avoit nom Mainfroi, fe faifit de Naples, & peut-être même pendant la vie de fon pere. Enfin Frideric étant mort, le Pape qui ne vouloit point que la poftérité d'un Prince qui avoit été ennemi mortel du Siége Romain, ou plûtôt qui s'étoit oppofé de toutes fes forces à la violence des Souverains Pontifes, poſſedât un fi grand Fief de l'Eglife Romaine, pour cette caufe il déclara Mainfroi indigne de régner à Naples, & en donna l'Inveftiture à Charles d'Anjou, à condition qu'il l'iroit conquérir. Alors Charles paſſa les Monts, & Mainfroi qui le craignoit mendia du fecours parmi fes amis, & trouva Conradin, Duc de Suabe, fon neveu, & Frideric, Marquis d'Autriche fon ami, difpofés à l'aller fecourir. Charles obtint pourtant la victoire, & Mainfroi étant péri au combat, ces deux autres Seigneurs demeurerent prifonniers entre les mains du victorieux, qui les fit décapiter. Vous avez oui que Conradin étoit petit-fils de l'Empereur, & à préfent je vais dire de quelle condition étoit Frideric. Ce Seigneur étoit fils d'Herman, Marquis de Bade, qui avoit acquis l'Autriche par fon mariage avec Gertrude, fille & héritiere de Henri, Marquis d'Autriche. Ce Prince fuivit la fortune de Conradin de Suabe, & périt avec lui, ne laiffant qu'une fœur, qui fut mariée à Ulric Duc de Carinthie, & lui apporta l'Autriche en dot. De forte que ces Princes étant abfolus fur leurs terres, Charles n'avoit point de jurifdiction fur eux, & pecha contre le droit des gens, quand il les mit entre les mains du bourreau. Auffi en eut-il honte, & fit trancher la tête à celui qui les avoit exécutés, afin que perfonne ne fe pût vanter d'avoir répandu de fang fi illuftre.

(86) *Pierre Roi d'Arragon autorifa les Vêpres Siciliennes.* Le maffacre qui fut fait en Sicile le jour de Pâques l'an 1282. mérite d'être confidéré des politiques. L'on peut donc remarquer que la fanglante & cruelle exécution que Charles d'Anjou fit faire des Princes de qui nous venons de parler ci-deffus, attira fur lui la haine de tout le monde, & particulierement des Etats qui avoient obéi à la Maifon de Suabe. Il avint donc que

Jean Prochite, Seigneur Sicilien, défirant de venger la mort de ces Princes, fongea aux moyens de maffacrer tous les François qui étoient en Sicile, & fit part de fon deffein à Pierre Roi d'Arragon, qui étoit le plus intéreffé en cette affaire. Pour entendre ceci, il faut fçavoir que Pierre avoit époufé Conftance, fille de Mainfroi, Roi de Naples & de Sicile ; & pour cela Prochite s'adreffa à lui, & lui propofa la conquête de ce beau Royaume, laquelle il vouloit rendre aifé, par ce maffacre imprévû. Pierre, qui efpéroit de gagner cette grande Ifle, confentit au deffein de Prochite, & prépara une flotte, pour être prêt à le fecourir à point nommé. L'affaire réuffit au fouhait des entrepreneurs ; & huit mille François furent tués avec tant de rigueur, qu'on tira les enfans du corps des femmes groffes, pour les écrafer contre les murailles. Pierre fut excommunié du Pape Martin IV. à caufe de cette action, & fes Royaumes furent donnés à Philipe III. Roi de France, fils de Saint Louis, & neveu de Charles. Mais quoique la fortune favorifât Philippe au commencement, Pierre eut moyen d'appaifer le Succeffeur du Pape Martin, en lui jettant un os dans la bouche. J'entends que le Roi Pierre foumit tous fes Etats à l'Eglise, & promit de lui payer quelque tribut. Pour cette cause il obtint l'absolution de son crime ; & le Pape qui gagnoit en cela le droit direct sur deux ou trois Royaumes, eut sujet d'être content.

(87) *Alphonse Roi de Naples, & Alexandre VI. eurent recours à Bajazet contre les forces de notre Charles VIII.* Guichardin, excellent Historien, & soldat de grande réputation, a écrit les causes & les effets de la guerre que Charles VIII. Roi de France fit en Italie pour conquérir le Royaume de Naples, qui avoit été laissé à son pere par le Testament de Charles Duc d'Anjou, & Comte de Provence, successeur du Roi René son oncle. Ce seroit faire ce que ce grand homme a déja fait, que de vouloir traiter au long de cette matiere, & pour cela j'en parlerai ici fort sobrement. Les successeurs de Charles, frere de Saint Louis, ayant régné cent soixante-onze ans à Naples, la Couronne échût à Jeanne II. femme impudique, qui par ses sales déportemens acquit la haine de ses plus proches parens, qui étoient les Ducs d'Anjou, de la Maison Royale de France. Jeanne donc craignant de ne pouvoir pas résister seule à ses parens, qui lui étoient ennemis, adopta Alphonse, Roi d'Arragon & de Sicile,

Alphonſe ſe tranſporta à Naples , & ne pouvant pas ſouffrir l'impudicité de ſa mere adoptive, il la fit mettre en priſon. Jeanne , qui avoit beaucoup d'amis dans ſon Royaume, eut moyen de ſortir de ſa captivité,& déclara Alphonſe indigne d'être ſon fils & de lui ſuccéder, à cauſe de ſon ingratitude , & adopta en ſa place Louis Duc d'Anjou ſon parent , & qui juſqu'a-lors avoit été ſon ennemi. Louis alla à Naples , & y régna heureuſement avec ſa mere juſqu'à la mort. Alors Jeanne , qui avoit ſurvécu à Louis , adopta René ſon frere , & mourut peu après. René , qui avoit été pris par le Duc de Bourgogne, ne pût point aller à Naples pour y prendre poſſeſſion de ſon Royaume ; mais Iſabelle de Lorraine ſa femme y alla , & fit des merveilles à bien défendre ſes Etats con-tre le Roi Alphonſe d'Arragon. A la fin pourtant elle fut contrainte de céder à la force, & Alphonſe poſſéda ce Royaume. Celui-ci mourant laiſſa les Etats qu'il avoit hérités de ſes parens, à Jean ſon fils légi-time, & légua le Royaume de Naples, qu'il avoit acquis par ſon adreſſe, à Fer-dinand ſon fils naturel. Ferdinand régna long-tems ſans que les François le moleſ-taſſent, parce que Louis XI. qui avoit ſuccédé aux Angevins, haïſſoit les guer-

res d'Italie, & parce qu'il avoit des affaires chez lui. Mais Charles, fils de Louis
jeune & ambitieux Prince, paſſa en Italie
l'an 1494. avec tant de bonheur, qu'il
ſembloit avoir la victoire attachée à ſa
ceinture. Pour cette cauſe, Alponſe, fils
aîné de Ferdinand, qui lui ſuccéda au
Royaume de Naples, & qui ſçavoit les
prétentions de Charles; & Alexandre VI.
Pape de Rome, qui craignoit le bonheur
de ce Roi, ſe liguerent avec le Turc. Ce
fut pourtant ſans néceſſité & ſans effet;
car la ligue que les Princes Italiens firent
contre Charles fut ſuffiſante à le dépouil-
ler de tout ce qu'il avoit conquis en Italie. Tellement que le Roi de Naples & le
Pape, qui eurent recours à Bajazet, mon-
trerent aux Chrétiens qu'ils ſe fioient plus
à un Infidéle qu'à eux, & obligerent les
plus modérés de blâmer l'action qu'ils
avoient faite ſans y être contraint de la néceſſité, & ſans avoir reçû aucune faveur
ni aſſiſtance du Grand Seigneur.

(88) *Henri VIII. fit révolter l'Angle-*
terre. Nous avons déja fait un remarque
ſur cette matiere. *Charles V. ne tint comp-*
te d'inféoder le Milanois au Duc d'Or-
leans, &c. Ce grand Prince, qui a ſur-
paſſé tous ſes devanciers en valeur & en
prudence, ſe ſoucioit peu de tenir ſa parole, & M. de Thou dit, que c'étoit une ta-

che peu confidérable entre tant de vertus éminentes qui reluifoient en fa perfonne. Je ne veux pas parcourir fa vie pour fçavoir fi ce que ce grand perfonnage a dit de lui eft véritable ; il me fuffit d'expliquer ce que notre Auteur nous dit ici ; & pour l'entendre, il faut remarquer ce que je vais dire. Depuis que la race des Vicomtes a ceffé de régner à Milan, les defcendans de Valentine, qui fut fille du penultiéme Duc, nommé Galeas, ont prétendu cet illuftre Duché. Les plus grands & les plus confidérables de ces defcendans ont été les Rois Louis XII. & François I. qui régnerent en France l'un après l'autre, depuis l'an 1498. jufqu'à l'an 1547. Ces deux Princes fe faifirent de Milan par la force des armes, & en furent chaffés par la même voye. Eux & leurs defcendans l'ont néanmoins toujours prétendu, & cherché tous les moyens poffibles d'y rentrer. Il avint donc que les Gantois fe rebellerent au tems de l'Empereur Charles V. & celui-ci voulant aller remédier à ce mal, pria le Roi François de lui permettre de paffer par la France, & pour obtenir l'effet de fa priere, il promit de donner l'inveftiture du Duché de Milan à Charles Duc d'Orleans, fils du Roi François. Ce Roi, qui fçavoit qu'il y avoit une

grande différence entre promettre & faire
ce qu'on a promis, n'y voulut point consentir. Alors Charles, à qui l'affaire im-
portoit, gagna le Connétable de Mont-
morency, qui persuada au Roi son Maître que l'Empereur tiendroit sa promesse,
& obtint ce qu'il desiroit. Charles donc
passa par la France, où il reçut tous les
honneurs imaginables, sous l'espérance
de cette investiture, qui n'eut point d'effet, & le Connétable en fut disgracié.
Cette action de l'Empereur, & la peine
imposée au Connétable, apprennent à
tous les grands Ministres de ne se point
fier à ceux qu'on ne peut point contrain-
dre de tenir leur parole.

(89) *Le même pouvant ruiner les Protestans, il s'en servit pour nous faire la
guerre.* Je ne sçai pas sur quel fondement
M. Naudé assure ce qu'il nous dit ici, ni
s'il y aura des politiques qui le croyent.
Sans mentir il y a peu d'apparence que cela soit, & pour mon particulier je ne le
puis pas croire. La raison que j'ai de m'opposer à cette assertion, est que si l'Empereur eût ruiné les Protestans, il auroit eu
plus de moyen de se rendre absolu de
l'Allemagne, & cela étant il auroit eu en
son pouvoir ce qu'il étoit obligé de man-
dier, & sur quoi il ne pouvoit faire aucun

capital. Le politique Bocalini dit, que les réformes de Luther & de Calvin ne font que des ligues pour s'oppofer à l'ambition de la Maifon d'Autriche, & par conféquent à celle de l'Empereur Charles V. & tout le monde fçait que cette Séréniffime Maifon n'a rien tant à cœur que le defir d'étouffer ces réformes. Je crois auffi que ceux qui confidéreront bien cette affaire, feront de mon opinion. Pour ce qu'il dit enfuite que Sa Majefté détourna ce que l'Allemagne avoit contribué pour la guerre du Turc, à ruiner François I. il me femble que cela pourroit bien être, & que fi cela eft, il ufoit d'une fine politique, & d'un véritable coup d'Etat; ce grand Prince voyoit bien qu'il étoit impoffible d'arriver à la Monarchie univerfelle, & même à la poffeffion abfolue de toute l'Allemagne, fans en ôter les obftacles, & fans doute rien ne s'oppofoit plus ouvertement à fon deffein que le Roi de France. Bocalini, de qui j'ai déja parlé en cette annotation, s'apperçût de ce que je viens de dire, quand il écrivit que tout le monde admira la charité de Philippe II. qui pour fecourir la France abandonnoit fes Provinces héréditaires de Flandres, auffi bien que l'Empereur celle d'Autriche. C'eft-à-dire, qu'ils permet-

ſtoient au Turc de prendre quelques places en Hongrie , & aux Hollandois de ſe
ſaiſir de quelques fortereſſes au Pays-Bas ,
pour nourrir les diſſenſions qui étoient en
France , croyant de la pouvoir acquerir
en faiſant ſemblant de favoriſer le parti
Catholique. Le Cardinal de Richelieu
étoit de ce ſentiment , quand il dit que le
Roi d'Eſpagne épuiſoit le nouveau Monde pour acheter le vieux , & qu'il croyoit
d'avoir acheté l'Europe , s'il pouvoit acheter la France. Le Duc de Rohan exhorte
tous ceux qui aiment la liberté de joindre
leurs forces à celles de la France , pour
s'oppoſer à l'Eſpagne. Pour moi , je ne ſçai
pas ſi cela doit être ; mais je ne doute point
que ce ne ſoit toujours une marque de
prudence , que de tâcher de conſerver
quelque égalité entre les Puiſſances d'où
dépend le mouvement & le repos de toutes les autres de la Chrétienté.

(90) *Sa haine contre le Roi d'Angle-*
terre , à cauſe de ſa tante , fit roidir Ro-
me contre Henri VIII. Les ſages politiques tournant toutes choſes à leur profit ,
je ne m'étonne point que l'Empereur
Charles V. en ait fait de même. Nous
avons déja dit que Henri VIII. Roi d'Angleterre , voulant troquer une vieille femme pour une jeune , répudia Catherine

d'Efpagne , tante de Charles , & prit en mariage Anne de Boulen. Cette action déplût au Pape , qui à la follicitation de l'Empereur refufa à Henri la difpenfe qu'il defiroit de Sa Sainteté pour prendre Anne avec les formalités accoutumées en l'Eglife Romaine. Alors Charles , qui n'avoit pû empêcher cette répudiation , tâcha de la convertir à fon profit , témoigna d'avoir oublié l'affront fait à fa tante , & fit ligue avec Henri contre la France. M. Naudé femble blâmer cette action , qui à mon avis , n'eft pas fi impertinente qu'il s'imagine. Charles ne pouvoit pas tirer raifon de cet affront , fans fe rendre maître de la mer ou de la France ; & l'un & l'autre lui femblant impoffible , il fe prévalut des forces de fon ennemi à fon avantage. Pour véxer la France , il attira les Anglois à fon parti , & pour faire d'une pierre plufieurs coups , il employa les forces des Anglois pour ranger le Roi François à la raifon. Certainement cette action de l'Empereur Charles eft très-judicieufe , puifqu'au befoin il faut faire de tout bois fléche , la haine qu'il auroit pû témoigner au Roi d'Angleterre lui auroit été inutile , puifqu'il n'étoit pas en fon pouvoir de l'attaquer dans fes Ifles. Pour ce qui regarde le fchifme qui fuivit l'opi-

niâtreté

niâtreté du Pape & du Roi Henri, il déplût sans doute à l'Empereur, parce que
les Anglois changeant de Religion, rendirent leur Royaume impénétrable aux
artifices & aux pistoles de Charles & de
ses successeurs, & par conséquent lui ôte-
rent l'espérance de le conquérir. Ce fut-
là tout le mal qu'il reçût d'avoir sollicité
le Pape à ne point consentir à la dissolu-
tion du premier mariage du Roi d'Angleterre.

(91) *Son Lieutenant Charles de Bour-*
bon prit Rome & y établit une persécu-
tion contre les Ecclésiastiques. C'est mal
sçavoir l'histoire que d'attribuer à Charles
de Bourbon la persécution que les Ecclésiastiques souffrirent après la prise de Rome l'an 1527. s'il est vrai que les morts
ne mordent plus, il est vrai aussi qu'il
n'établissent aucune persécution. Je puis
donc assurer que M. Naudé s'est trompé
en cet endroit ; car les Historiens assurent
que le Duc de Bourbon fut tué à l'assaut de
cette ville, d'une mousquetade qui le
renversa par terre, & que Philibert de
Châlons, Prince d'Orange, son Lieutenant Général, fit jetter un manteau sur
son corps, de peur que la connoissance
de sa mort n'allentit le courage & l'ardeur
de ses soldats. L'on dit même que le coup

qu'il reçût fut une punition manifeste d'un parjure qu'il avoit fait. Les Milanois faisant difficulté de payer son armée, & alleguant pour cela qu'ils n'en seroient pas plus soulagés, il dit, je prie Dieu qu'il permette que je sois tué d'une arquebusade en la premiere action militaire où je me rencontrerai, si je ne vous épargne selon ma promesse. Il oublia pourtant ce qu'il avoit promis, & Dieu n'oublia point de le faire mourir à l'assaut qu'il donna à Rome peu de jours après.

(92) *Il se fit par son commandement un tel carnage d'hommes aux Indes, qu'il ne s'en est jamais vû de pareil.* Il est vrai qu'on ne tua jamais tant de pauvres misérables pour établir une domination étrangere, qu'on en fit mourir en Amérique pour y assurer l'Empire des Espagnols. Un Évêque Castillan, qui a été long-tems en ce pays-là, en écrit le malheur & la cruauté Espagnole avec tant de compassion, qu'il semble pleurer dans ses écrits. A son dire, l'on y a fait périr plus de vingt millions d'hommes, sans qu'ils en ayent donné aucun sujet à leur ennemi. Et si l'on m'en demande la raison, je dirai que c'est parce que les nouveaux habitans croyoient de ne pouvoir pas tenir les anciens sous le joug par la force des armes. Mais je n'ose-

rois pas assurer que ces massacres ayent été commis par ordre de l'Empereur. Au contraire, j'ai vû dans ce pays-là des Ordonnances du Roi Sebastien de Portugal, qui défendoient de maltraiter le peuple conquis dans le Bresil, & commandoient aux Portugais d'avoir soin de les faire bien instruire en la foi Chrétienne. Je crois que l'Empereur Charles & le Roi Ferdinand son grand-pere, firent la même chose; parce qu'on se persuade difficilement qu'un Prince craignant Dieu ordonne de telles saignées, seulement pour établir son pouvoir en un pays où il n'a aucun droit que celui de bienséance; & ce seroit mal convertir les peuples que de les faire mourir, & les Espagnols veulent qu'on croye que leur fin principale ait été de gagner à Dieu les ames des Indiens.

(93) *Philippe II. ne voulut jamais que le Pape se mêlât de l'affaire de Portugal.* Le Royaume de Portugal & les conquêtes qu'il avoit faites en Orient & en Occident, étoient un morceau si délicat & si digne de la bouche du Roi d'Espagne, que Philippe avoit grand sujet de le souhaiter, & de ne point permettre que le Pape examinât son droit. Aussi arrêta-t-il si long-tems le Cardinal Riarius, que le Pape envoyoit pour cet effet, qu'il

C c ij

n'arriva point chez lui que le Portugal
ne fut obéïssant à ses ordres ; & cela se fit
avec tant d'adresse, par le bon traitement
qu'il recevoit par tout, qu'il n'eut aucun
sujet de se plaindre. Mais parce que peu
de choses ont donné aux politiques tant
de matiere pour exercer leur jugement, ni
aux Historiens pour écrire, que la dispute
qui avint sur la succession de cette Couronne, après la défaite du Roi Dom Sebastien, qui périt en Afrique, l'an 1578.
il ne sçauroit être hors de propos d'en dire un mot en ce lieu ici. Le Roi Sebastien
eut pour successeur le Cardinal Henri,
son grand oncle, qui se voyant âgé de 66.
ans & Prêtre, jugea qu'il ne pourroit
point laisser d'enfant capable de lui suc-
céder, & fit prier tous les prétendans à sa
Couronne, de venir, ou d'envoyer à Santaren, ville de Portugal, pour voir décider l'affaire de sa succession. Alors tous
les descendans du Roi Emmanuel pour-
suivirent leur droit en cette sorte. Emmanuel Philibert, Duc de Savoye, en qualité de fils de Beatrix, Infante de Portugal,
Rainuce, Duc de Parme, en qualité de fils
de Marie, fille aînée d'Edouard, Duc de
Guimarans, Infant de Portugal, Catherine, Duchesse de Bragance, tante de Rainuce, en qualité de fille cadete du même

Edouard ; Philippe II. Roi d'Efpagne , en qualité de fils d'Ifabelle , Infante de Portugal , & Dom Antoine , en qualité de fils de Louis , Infant de Portugal , prétendirent cette Couronne , & les uns envoyerent leurs députés à Santaren , & les autres y allerent en perfonne pour défendre leur droit. La prétention de Dom Antoine , qui étoit en perfonne à l'affemblée , & feul mâle defcendant de mâle de la Maifon de Portugal , fut la premiere examinée. Et fes Juges ayant trouvé qu'il étoit bâtard , le prierent de ne rien prétendre au Royaume. Le Duc de Savoye fut auffi obligé de fe contenter de l'efpérance qu'on lui laiffa , au cas que les plus proches vinffent à faillir , parce que fa mere étoit la plus jeune fille du Roi Emmanuel ; l'on fit voir à Rainuce , Duc de Parme , qu'il étoit d'un dégré plus éloigné de la fucceffion que les autres prétendans ; & toute la difpute demeura entre Philippe , Roi d'Efpagne , & Catherine , Ducheffe de Bragance , dont la poftérité a fait beaucoup de bruit en nos jours. Ces deux étoient également éloignés de la fucceffion ; l'un étant petit-fils , & l'autre petite-fille du Roi Dom Emmanuel. Alors Philippe remontra qu'une Princeffe avoit tort de difputer la Couronne à un Prince

qui en étoit également proche ; & la Duchesse répondit que cela étoit vrai, lorsqu'il n'y avoit point d'inégalité ; mais que
les Juges & Philippe aussi, devoient considérer qu'elle prétendoit la Couronne de
son ayeul, comme fille d'un Infant, &
Philippe seulement, comme fils d'une Infante de Portugal ; & qu'il sembloit n'y
avoir point de doute que comme Edouard,
mere de Catherine, auroit été préferé à
Isabelle, mere de Philippe, s'ils eussent
été en vie ; ainsi & par la même raison
Catherine devoit être préferée à Philippe.
Ces raisons mirent en peine les Juges,
qui ne pouvant se résoudre à donner un
Arrêt sur une affaire de si grande importance & si épineuse, ils causerent de l'im-
patience au peuple, qui fit couronner Dom
Antoine ; ce couronnement donna sujet
à Philippe de poursuivre son droit par la
force des armes, & ayant chassé Dom
Antoine, il se fit Roi de Portugal.

(94) *Il fit pendre tous les soldats*
François qui allerent au service de Dom
Antoine. Nous avons dit ci-dessus que
Dom Antoine, fils naturel de Dom Louis,
Infant de Portugal, prétendit la Couron-
ne, qu'il en fut exclut par les Juges, &
que cela nonobstant le peuple Portugais
le fit couronner. A présent nous allons

voir le mal qui fuivit ce couronnement. Dom Antoine étant Roi du menu peuple, Philippe s'efforça d'acquerir la Nobleſſe, & pour ce ſujet il fit faire quantité de Croix d'Ordre, leſquelles il diſtribua liberalement, ſelon l'avis de Dom Franciſco de Mora, premier Gentilhomme de ſa Chambre, qui étoit Portugais, & connoiſſoit l'humeur de ſes compatriotes. Ces Croix & les armées de Philippe firent l'effet qu'il ſouhaitoit, & dans ſoixante-trois jours elles chaſſerent Antoine de ſon Royaume. Ce malheureux Roi de Comedie, craignant de tomber entre les mains de ſon Ennemi, ſortit de Portugal & ſe retira en France, où la Reine Catherine de Médicis lui fit donner une flotte ſous le commandement du Maréchal Strozzi. Cette flotte fut défaite par celle de Philippe. Et peu après le Marquis de Sainte Croix, Général de l'armée Eſpagnole, fit pendre tous ceux qui échapperent du combat, parce que le Roi Henri III. les déſavoua. Alors Antoine, qui s'étoit ſauvé par la fuite, ſe retira en Angleterre, où il obtint de la Reine Eliſabeth quelques troupes commandées par François Drac, Vice-Amiral d'Angleterre. Ce grand homme mit pied à terre proche de Liſbonne, & voyant que les Portugais ne le favorisoient point, & qu'il n'étoit pas capable de remettre seul le Prince Dom Antoine sur le trône, il rembarqua ses gens & se retira en son pays. L'on pourroit demander pourquoi les Portugais, qui sont naturellement ennemis des Castillans, ne favoriserent pas leur Roi prétendu ? Et l'on peut répondre que ce fut parce que Dom Antoine étoit fils d'Iolante Barbosa, que l'on dit avoir été Juive, & quelques paroles imprudemment proferées par les Marrans, furent causes que les Portugais l'abandonnerent.

(95) *Il traversa la réduction à l'Eglise de Henri IV. & sa réconciliation avec le Saint Siége.* Ce Traité nous ayant donné ailleurs sujet de dire *un mot des obstacles que le Roi Philippe II. fit naître en la conversion du Roi Henri le Grand,* nous passerons ici plus légerement sur cette matiere, & verrons que les François ne s'opposerent pas moins à la succession légitime de ce grand Roi que les Espagnols mêmes. Il est certain que le Roi Philippe employa toutes les forces de son esprit & de ses finances pour se rendre maître de la France, qu'il obtint des Papes Sixte V. de la Maison de Montalto, & de Gregoire XIII. Sfondrato, qu'ils excommuniassent le Roi Henri IV. & qu'ils

le

le déclaraffent indigné de poſſéder la Couronne de ſes ancêtres avant ſa converſion.
Et lorſque Henri eut embraſſé la Religion
Romaine Philippe fit repréſenter à Rome, en France, & ailleurs, qu'Henri
étoit un hypocrite, & que les Catholiques ne pouvoient & ne devoient point
ſe fier à lui. Ces Papes mirent auſſi la main
à la bourſe, & envoyerent des troupes pour
empêcher que ce Prince ne montât ſur le
trône, & ils déployerent contre lui, outre
les foudres d'excommunication, tout ce
qu'ils avoient de pouvoir. Mais tout cela
me ſemble plus ſupportable que l'imprudence, ou plutôt l'impudence des Parlemens de Toulouſe & de Rouen. Ces Cours
Souveraines oubliant leur devoir, déclarerent criminels de léze-Majeſté divine &
humaine, ennemis de Dieu, de l'Etat,
& de la Couronne de France, tous ceux
qui s'oppoſeroient à la Sainte Union, c'eſt-
à-dire, qui ſeroient amis & ſerviteurs du
Roi. Ils prononcerent & déclarerent tous
ceux qui ſervoient Sa Majeſté, dégradés
de Nobleſſe & privés de tous honneurs,
offices & bénéfices. En conſéquence de cet
Arrêt, le Parlement de Rouen fit exécuter
à mort quelques ſoldats du Roi, & déclara criminels de léze-Majeſté tous ceux qui
ſuivoient le camp du Roi de Navarre,

c'eft-à-dire de Henri le Grand, Roi de France. Il ordonna auffi que tous les ans le premier jour d'Août, l'on feroit des proceffions & prieres publiques en reconnoiffance de la grace que Dieu avoit faite ce jour-là aux François en la mort miraculeufe de Henri III. La Sorbonne fe montra auffi imprudente que ces deux Parlemens, lorfqu'elle décréta que perfonne ne devoit recevoir pour Roi Henri de Bourbon, encore qu'en jugement extérieur il pût obtenir abfolution de fes Cenfures & de fon crime d'héréfie ; & tous ces beaux décrets vifoient à donner courage à quelque fcélérat de tuer le Roi. L'on paffa plus avant, & Philippe repréfenta qu'il avoit employé fix millions d'or pour la confervation de la France, que l'on devoit procéder à l'élection d'un Roi, & qu'il efpéroit que les François n'oublieroient point le bien qu'il leur avoit fait. Alors les François déclarerent qu'ils ne vouloient point d'Efpagnol pour Roi, & il leur fit propofer l'élection d'un Prince Lorrain, qui pût époufer fa fille, & qu'on déclareroit qu'elle lui portoit la Couronne de France en dot. Quelques fots y confentoient. Mais la difpute qui fe trouva entre les Ducs de Mayenne & de Guife, le Marquis du Pontà-Mouffon, & quelqu'autres prétendans,

donna cause gagnée à notre Henri, qui
cependant faisoit de grands progrès, &
augmentoit tous les jours le nombre de
ses serviteurs, qui le rendirent à la fin victorieux de tout ce qu'on opposa à sa vertu;
& obligea le Roi Philippe de se contenter
qu'il le laissât en paix.

(96) *Encore que les écrits de Machia-*
vel soient défendus, sa doctrine ne laisse
pas d'être pratiquée. Nicolas Machiavel,
Secretaire d'Etat de la République de Florence, qui étoit en son tems un homme
d'esprit, est tellement décrié parmi les politiques, que son nom même semble faire
peur; pour cette cause l'on trouve de cé-
lébres écrivains qui l'alléguant en quelque
chose où il mérite d'être suivi, n'osent
point exprimer son nom, & disent que
le politique Florentin est de cet avis.
Pour moi j'estime qu'on doit considérer
diversement ce qu'il a écrit; & que rejet-
tant ses impiétés, l'on peut mettre en pratique, sans scrupule de conscience, beaucoup de bonnes choses qu'il nous enseigne dans ses discours sur Tite-Live. L'Histoire de Florence qu'il a laissé à la postérité, n'est pas mauvaise; & le plus malicieux de ses ouvrages, est son Prince, où
il représente César Borgia, bâtard du plus
méchant Pape qui ait été de long tems,

pour l'exemplaire d'un Prince parfait. Je
fouhaiterois que l'image de ce Prince fut
brûlée, & que l'on n'imitât jamais aucune
de fes actions. Il eft pourtant vrai que les
Italiens qui en ont défendu la lecture, en
mettent tous les jours la doctrine en pratique, & particulierement où il s'agit de
fe défaire de ceux qui les peuvent ou veulent empêcher d'exécuter ce qu'ils ont pro-
jetté. Au refte, la Maifon de ce grand &
impie politique, fleurit encore, & en nos
jours l'on a vû un Cardinal de cette famille qui faifoit gloire d'être defcendu
d'un fi célébre Ecrivain.

(97) *La premiere & plus légitime di-*
vifion des coups d'Etat eft de les divifer
en juftes & injuftes. Il femble que M. Naudé oublie en ce lieu ici la définition qu'il
a donnée aux coups d'Etat ; puifqu'il eft
impoffible qu'ils foient juftes & injuftes,
& qu'ils foient contenus fous une même
définition. Et en effet, il ne femble pas
poffible qu'un confeil fubtil, qui s'éloigne des loix & de l'équité, puiffe être jufte, ni qu'une action qui autrement feroit
injufte, devienne légitime, parce que c'eft
un Roi qui la fait & non pas un tyran. Et
fi ce qu'un Prince légitime fait pour le bien
de fon Etat eft jufte, M. Naudé femble
avoir tort de condamner les actions de

Romulus & de Charles d'Anjou , qui firent mourir Remus & Conradin de peur que leur Etat ne fouffrit du trouble par la plû-ralité de Seigneurs & de prétendans. En effet , Machiavel approuve l'action de Ro-mulus , & le Pape Clement IV. conſeilla celle de Charles d'Anjou. Car l'on dit qu'ayant Conradin en ſon pouvoir , il voulut ſçavoir du Pape ce qu'il devoit faire de ce grand priſonnier ; & il lui ré-pondit que la vie de Conradin ſeroit la mort de Charles , & la mort de Conradin en ſeroit la vie , pour lui perſuader qu'il lui devoit faire paſſer le pas.

(98) *On peut encore les diviſer en ceux qui concernent le bien public , & en ceux qui regardent l'intérét particulier.* Il eſt impoſſible que la définition que M. Naü-dé donne à ſes coups d'Etat ſoit légitime , ſi les actions qui regardent l'intérét parti-culier peuvent paſſer pour coups d'Etat ; & les exemples qu'il apporte en ce Traité ne me feront pas changer d'opinion. Il me permettra donc de lui demander une au-tre définition que celle qu'il donne , quand il dit que ce ſont *Exceſſus juris commu-nis propter bonum commune* , ou de le prier de trouver une autre diviſion.

(99) *On peut auſſi les diviſer en ca-ſuels & prémédités :* Les coups caſuels ſont

rares, & procédent, ou d'une grande connoiſſance, ou d'un grand bonheur & d'u-
ne belle pointe d'eſprit, qui donne le
moyen de prendre les occaſions quand elles ſe préſentent. L'exemple que M. Naudé rapporte en ce lieu ici, fait voir que
Colomb étoit grand Aſtronome, ou qu'il
avoit un bon Almanach, & un eſprit capable de convertir toutes choſes à ſon profit.
Cette éclipſe lui fut extrêmement favorable; car les Indiens, qui au dire de Bodin
adoroient la lune, & qui ſont perſonnes ſimples & ignorantes, principalement en ce
qui concerne le cours des planetes, eurent
ſujet de l'honorer comme un Dieu terreſ-
tre. Une autre éclipſe ſervit à Germanicus
de moyen infaillible pour remettre en leur
devoir les Légions Romaines qui s'étoient
rebellées en Hongrie. Ces Légions étant
déja mutinées, la fortune de Germanicus
voulut que le ſoleil commença à s'éclip-
ſer, & alors ce Prince remontrant aux ſoldats que leur faute étoit horrible, il l'exa-
géra autant qu'il pût, leur diſant que le
ſoleil en avoit honte, & que ne pouvant
pas voir une pareille inſolence, il cachoit
ſa face pour n'être pas témoin de l'énormi-
té de leur crime. Ces paroles & pluſieurs
autres ſemblables, proférées avec autorité,
eurent tant de pouvoir ſur cette multitude

qu'elle reprit le mors de l'obéïſſance , &
continua de rendre ſervice à ſa patrie & à
ce Prince, qui eut ſujet d'admirer ſon
bonheur, & de croire que toutes choſes
lui ſuccéderoient heureuſement, puiſque
le Ciel avoit combattu pour lui en une
occaſion ſi importante.

(100) *Il y en a pareillement de ſimples
& de compoſés.* Ne doutant point qu'il n'y
ait des coups d'Etat ſimples, & de compoſés, j'examinerai ſeulement ce qui précéda
& ſuivit le maſſacre de Paris. La mort de
Ligneroles, quoiqu'elle ſoit avenue pour
empêcher qu'il ne découvrit ce qu'il ſçavoit du deſſein de Charles IX. Roi de France, l'on a peu de ſujet de la faire paſſer
pour un coup d'Etat. Ce Gentilhomme,
qui étoit Gouverneur de Bourbonnois, favori & domeſtique du Duc d'Anjou, fit
connoître par ſon imprudence qu'il n'igno-
roit point qu'on n'en voulût aux Huguenots. Et le Roi lui ſuſcita une querelle où
il fut tué. Sans mentir on pouvoit trouver
des moyens plus aſſurés de ſe défaire de
lui, puiſqu'aux duels il arrive ſouvent que
le plus foible tue le plus fort, & que Ligneroles auroit pû tuer ſon adverſaire auſſi
bien qu'il en fut tué. Pour les nôces de
Henri, Roi de Navarre, avec Marguerite
de Valois, ſœur du Roi ; il faut avouer

qu'elles furent judicieufement ordonnées
pour donner aux Proteſtans de la confiance
& pour les attirer à Paris, où penſant
aſſiſter aux ſolemnités, ils devoient être
attrapés tous enſemble, comme ils le furent
en effet. M. Naudé ne dit rien de la mort
de Jeanne, Reine de Navarre, qui, ſelon
l'opinion commune, fut empoiſonnée par
un Parfumeur du Roi, qui lui préſenta
des gans. Cette mort n'étoit guére moins
néceſſaire que le mariage de ſon fils. Cette
Princeſſe avoit beaucoup d'eſprit, & la
crainte qu'on eut qu'elle ne pénétrât dans
le deſſein de la Cour, fit trouver bon de
s'en défaire pour empêcher qu'elle ne découvrit le danger où ſon fils & ſes amis ſe
trouvoient pour s'être fiés à leur adverſaire.

La bleſſure de [illegible] ... de Gaſpard de Coligni,
Comte de Châtillon, Amiral de France,
fut un coup d'imprudence, qui devoit avoir
éloigné de Paris tous ceux qui y étoient
venus pour aſſiſter aux nôces fatales du
Roi de Navarre. Car le Roi avoit envoyé
en Angleterre le Maréchal de Montmo-
renci, parent de l'Amiral, de peur qu'il
ne l'avertit du danger où il étoit ; il avoit
fait inveſtir la Rochelle, & donné de l'ap-
préhenſion à toutes les autres villes de ſure-
té. Le Duc de Guiſe, qui étoit ſorti de

Paris à l'arrivée de l'Amiral, y retourna accompagné d'un bon nombre de confidens, ce qui devoit obliger les Proteftans de fe défier. Les nôces du Roi de Navarre furent célébrées le 17. d'Août, & le bal, les feftins & autres folemnités durerent jufqu'au vendredi cinquiéme jour après, auquel l'Amiral fortant du Louvre, accompagné de douze ou quinze Gentilshommes, reçût une arquebufade, qui fut tirée du logis de Villemur, qui avoit été Précepteur du Duc de Guife. Le coup fut fait par un nommé Maurevers, qui monta tout auffitôt fur un genêt d'Efpagne, & fortit de Paris, par la porte Saint Antoine. Cete action fit croire au Roi de Navarre & au Prince de Condé, que leur vie n'étoit pas affurée. Pour ce fuier ils firent deffein de fe retirer, mais les paroles fucrées du Roi & de la Reine fa mere, eurent le pouvoir de les charmer & de les arrêter à Paris. L'on eut le même foin de retenir les autres Proteftans dans la ville, & à cette fin le Roi & la Reine vifiterent l'Amiral, promirent de faire juftice du meurtrier & de fes complices, & prierent les Huguenots de fe loger auprès de l'Amiral, & l'Amiral de fe faire porter au Louvre, pour être en fureté. L'Amiral n'accepta pas l'offre du Roi, croyant qu'il auroit foin de fa conferva-

tion. Mais tout ce que le Roi difoit & faifoit n'étoit que pour les tromper. En effet,
le maffacre fe fit le 24 d'Août, trois jours
après la bleffure de l'Amiral ; voilà les accidens qui précédérent le coup d'Etat de la
S. Barthelemi, & les preuves que M. Naudé apporte pour faire croire qu'il a raifon
d'affurer que les coups d'Etat compofés,
peuvent être précédés de quelqu'autres.
Puis il paffe à ceux qui font fuivis en ces
termes.

(101) *Suivis, comme l'exécution du
Marquis d'Ancre, de celle de Travail, de
fa femme la Marquife, & de l'exil de la
Reine mere.* Nous avons remarqué ci-devant que Conchini, Marquis d'Ancre, &
Maréchal de France, fut tué par ordre du
Roi Louis XIII. le 24. d'Avril 1617. Et ici
nous allons parler de la mort d'Eleonor de
Galigai, femme de Conchini, de Travail
fon ennemi, & de l'exil de Marie de Médicis, mere du Roi Louis XIII. D'abord
que le Maréchal eut été tué à la porte du
Louvre, le bruit de cette mort s'épandit
par tout le Palais. Et alors fa femme, qui
craignit qu'on ne pillât fon appartement,
prit fes pierreries & tout ce qu'elle avoit
de plus précieux, le mit dans la paillaffe
de fon lit, fe fit deshabiller, & fe mit dedans. Peu après l'on paffa plus avant

qu'elle n'avoit penſé ; car on la fit lever, on prit tout ce qu'elle avoit caché, & on la mena en priſon dans une chambre du Louvre, où ſon mari avoit fait mettre M. le Prince peu auparavant. Six jours après, elle fut conduite à la Baſtille, où elle alla ſi mal pourvûë de linge & de toute autre choſe, que Madame de Perſan, femme du Gouverneur, lui donna deux chemiſes par charité, elle fut à la Baſtille juſqu'à l'onziéme de Mai, auquel elle fut menée aux priſons du Palais, n'ayant que ſes habits, un manchon, où elle avoit environ quatre-vingts écus, qui lui furent dérobés, & un petit paquet de la groſſeur de la tête, où étoit ſon linge. Lorſqu'elle ſe vit en un lieu ſi miſérable, elle dit. *Oime ſon perſa !* En effet on lui fit ſon procès, & elle eût la tête tranchée en Gréve, bien que le Prince de Condé & pluſieurs autres cruſſent qu'elle avoit peu contribué à la malice de ſon mari, & au mal qu'il avoit fait.

Le Travail étoit un Prêtre ſéculier de Dauphiné, qui avoit été Capucin, nommé le Pere Hilaire. Ce Prêtre s'étoit inſinué à la Cour, & avoit eu connoiſſance du deſſein que le Roi avoit de faire tuer le Maréchal d'Ancre, parce qu'il avoit l'entrée du logis de M. de Luines. Cet enra-

gé voyant qu'il n'avoit point eu de part à
la mort du Maréchal, voulut faire mourir
la Reine mere d'une mort douce, (à ce
qu'il difoit), & l'hiftoire dit, qu'il ofa affurer que fi le deffein qu'il avoit de faire
mourir cette Princeffe ne réuffiffoit, il la
tueroit d'un coup de piftolet, & feroit en-
forte qu'elle feroit traînée par les ruës auffi
bien que le Marquis d'Ancre; il parla de
cette affaire au Marquis de Breffieux, &
celui-ci l'accufa, & obtint que pour cet
attentat il fut mené au Fort-l'Evêque, &
de-là en la Conciergerie du Palais, où
fon procès lui fut fait. Le fieur Naudé dit
que ce fut un petit *coup d'Etat* de M. de
Luines, & véritablement fi fa mort peut
être appellée un *coup d'Etat*, l'on doit
croire que c'en fut un de M. de Luines.
Car il follicita le jugement de fon procès.
Au refte, les crimes de du Travail furent
trouvés fi énormes, que l'Arrêt qui le condamna à être étranglé, roué & brûlé, ordonna que fon procès feroit brûlé avec
fon corps, afin qu'on perdit la mémoire
d'un fi méchant homme. Pour ce qui regarde l'exil de la Reine mere, je ne fçai
pas fi M. Naudé appelle ainfi fon départ
de la Cour & le féjour qu'elle fit à Blois.
Il eft pourtant vrai que le Roi fon fils lui
promit de la traiter felon fa dignité, & de

lui déférer tout ce qu'il lui devoit en qualité de mere ; & qu'elle choisit le Château de Blois pour sa retraite, & desira d'y demeurer jusqu'à ce que Moulins fut réparé, & qu'elle y pût être commodément. Il est aussi certain qu'elle se fit enlever de Blois par le Duc d'Epernon, disant qu'elle y étoit prisonnière. Cette retraite causa la guerre, & le Roi ayant été victorieux, la reprit en grace. Mais une Princesse qui avoit gouverné sept ans la France, après avoir été femme du plus grand Roi de son tems, ne pouvoit pas vivre sans avoir part au gouvernement ; de-là s'éleverent de nouveaux mécontentemens qui lui persuaderent la résolution qu'elle prit de passer en Flandres & de-là en Angleterre. Mais enfin ses beaux-fils se lasserent de l'entretenir ; & elle vint en Allemagne, séjourna quelque tems à Cologne, où elle mourut peu de tems avant le Roi son fils. Son corps fut porté à Saint Denis, & enseveli sans aucune cérémonie, pour faire connoître aux Grands qu'ils ne sont pas toujours exempts de malheurs, & aux Reines qu'elles ont besoin de prudence pour se conserver pendant leur veuvage, quand les favoris de leurs fils tirent à eux une trop grande autorité, comme fit alors le Cardinal de Richelieu.

(102) *Le chapeau rouge du Cardinal d'Offat a été attribué à M. de Villeroi, & celui de du Perron, à M. de Sully.* Les quatre perfonnes de qui M. Naudé fait ici mention font dignes de la connoiffance des honnêtes gens, & peuvent perfuader aux incrédules que la providence divine, qu'on appelle fortune, élève par fois à des dignités éminentes ceux qui le méritent. Le Cardinal d'Offat étoit un pauvre garçon d'Aquitaine, qui fit fes études en fervant d'autres Ecoliers en un College de Paris. Et s'étant déja moyennement avancé dans les fciences, il entra au fervice d'un Sécretaire, qui alloit à Rome avec un Ambaffadeur. Quelque tems après, fon Maître étant mort, il fut trouvé capable de faire fa charge, & il la fit au contentement de l'Ambaffadeur. Celui-ci retournant en France, laiffa Arnaud d'Offat à Rome, pendant les troubles de la France, pour prendre garde aux affaires du Roi, & il y réuffit. Enfin la Couronne étant échue au Roi Henri de Bourbon, il trouva Rome tout-à-fait oppofée à fes deffeins. Alors d'Offat fut employé aux plus grandes affaires de ce tems-là, & fervit fi bien le Roi, qu'il le pourvut d'un Evêché. Puis il lui procura le chapeau de Cardinal, & fans mentir il l'avoit bien mérité, car il

avoit soutenu les intérêts de ce grand Prince avec beaucoup d'industrie & de vigueur. M. Naudé dit que le chapeau de ce Cardinal a été attribué à M. de Villeroi, & je le crois, car ce Seigneur étoit homme de bien, & voyant qu'Arnaud d'Ossat avoit obtenu du Pape Clement VIII. qu'il donnât l'absolution à son Roi, il crût raisonnable que sa grande peine, son industrie inimitable & ses soins de plusieurs années eussent une grande récompense. Quant au Seigneur de Villeroi, il a été un des plus habiles personnages de notre siécle, & ayant servi avec une fidélité peu commune les Rois Henri III. & IV. en la qualité de Ministre & Sécretaire d'Etat, Conchini, Maréchal d'Ancre, lui ôta sa charge pour la donner à Armand du Plessis, Evêque de Lusson, qui fut par après nommé le Cardinal de Richelieu. Mais le Roi Louis le Juste ayant fait tuer le même Maréchal, il remit Villeroi en la possession de sa charge & en l'honneur de sa bienveillance. Le fils de Villeroi fut nommé le Seigneur d'Alincourt, & quoiqu'il ait été Marquis de Villeroi, Comte de Buri, Gouverneur de Lion, Lionnois, Forêts & Beaujolois, il laissa peu de bien à plusieurs enfans que Dieu lui avoit donnés. Mais le fils aîné d'Alincourt ayant eu le bonheur d'être Gouverneur du Roi Louis Dieu-donné, à préfent régnant, il a mis dans fa Maifon le titre de Duc & Pair de France. Et un de fes freres, qui vit encore, eft Archevêque & Lieutenant de Roi à Lion ; pour ce qui regarde Jacques Davi, Cardinal du Perron, il étoit de bas lieu, & digne par fa vertu, de la grande fortune où il a été élevé. Il fut Huguenot en fa jeuneffe, & ayant bien étudié, changea de Religion fi à propos, qu'il fut employé à de grandes affaires. Ces affaires le mirent en crédit, & lui procurerent l'Evêché d'Evreux en Normandie, la Charge de grand Aumônier de France, qui le rendit Chef du Clergé de la Cour, & le chapeau de Cardinal, qui joint à fon fçavoir, le rendit un des plus confidérables hommes de l'Europe. Il fut en Ambaffade à Rome & à Venife, & fon éloquence eut tant de pouvoir en ces deux villes, qu'il réconcilia le Pape au Roi en la premiere, & obtint du Sénat en la feconde, qu'il fe rangeroit à ce qu'il avoit jugé raifonnable. Enfin étant mort, le Cardinal Bentivoglio, qui étoit un autre du Perron en fcience, écrivit à Rome qu'il avoit été le Saint Auguftin de France. Il eft vrai auffi que peu de perfonnes ont eu tant de connoiffance du fentiment & de la doctrine des Peres de

l'Eglife

l'Eglise que lui, qui en les alléguant pouvoit dire en quel Livre, en quel Chapitre
& en quelle page l'on pouvoit trouver ce
qu'il difoit. Le Duc de Sully, qui lui procura le chapeau, n'avoit point d'autre fujet
de l'aimer, finon qu'il étoit vertueux. Car
Sully étoit Hugenot, & du Perron en étoit
le fléau, ainfi qu'on peut voir dans fes
écrits, & en la difpute qu'il eut avec le
Seigneur du Pleffis Mornai en la préfence
du Roi à Fontainebleau. Au refte, M. de
Sully étoit Chef de la Maifon de Bethune,
qui eft très-anciennne, & très-illuftre. On
l'appelloit Marquis de Rôni, au commencement de fa fortune. Et le Roi Henri le
Grand ayant érigé la terre de Sully fur
Loire en Duché, il en prit le nom. Il eut
auffi des charges éminentes en l'Etat & à
la Cour, car il fut Surintendant des Finances, Grand Maître de l'Artillerie &
grand Voyer de France ; mais parce qu'il
ménageoit bien l'argent du Roi, il eut
beaucoup d'ennemis après la mort de Henri le Grand. Toutefois fa Maifon fubfifte
encore avec fplendeur, & eft très-puiffante
& très-riche, tant de fon chef que de celui
de M. Seguier, grand Chancelier de France, qui avoit donné une de fes filles au
Duc dernier mort. Celui-ci étoit fils du
Marquis de Rôni, & petit-fils du Duc

de Sully, confident du Roi Henri IV. &
en mourant il a laissé des enfans & une
veuve, qui a épousé Henri Duc de Verneuil, fils naturel du Roi Henri le Grand
& de Mademoiselle d'Entragues , à qui
le Roi donna la terre de Verneuil pour lui
témoigner son affection.

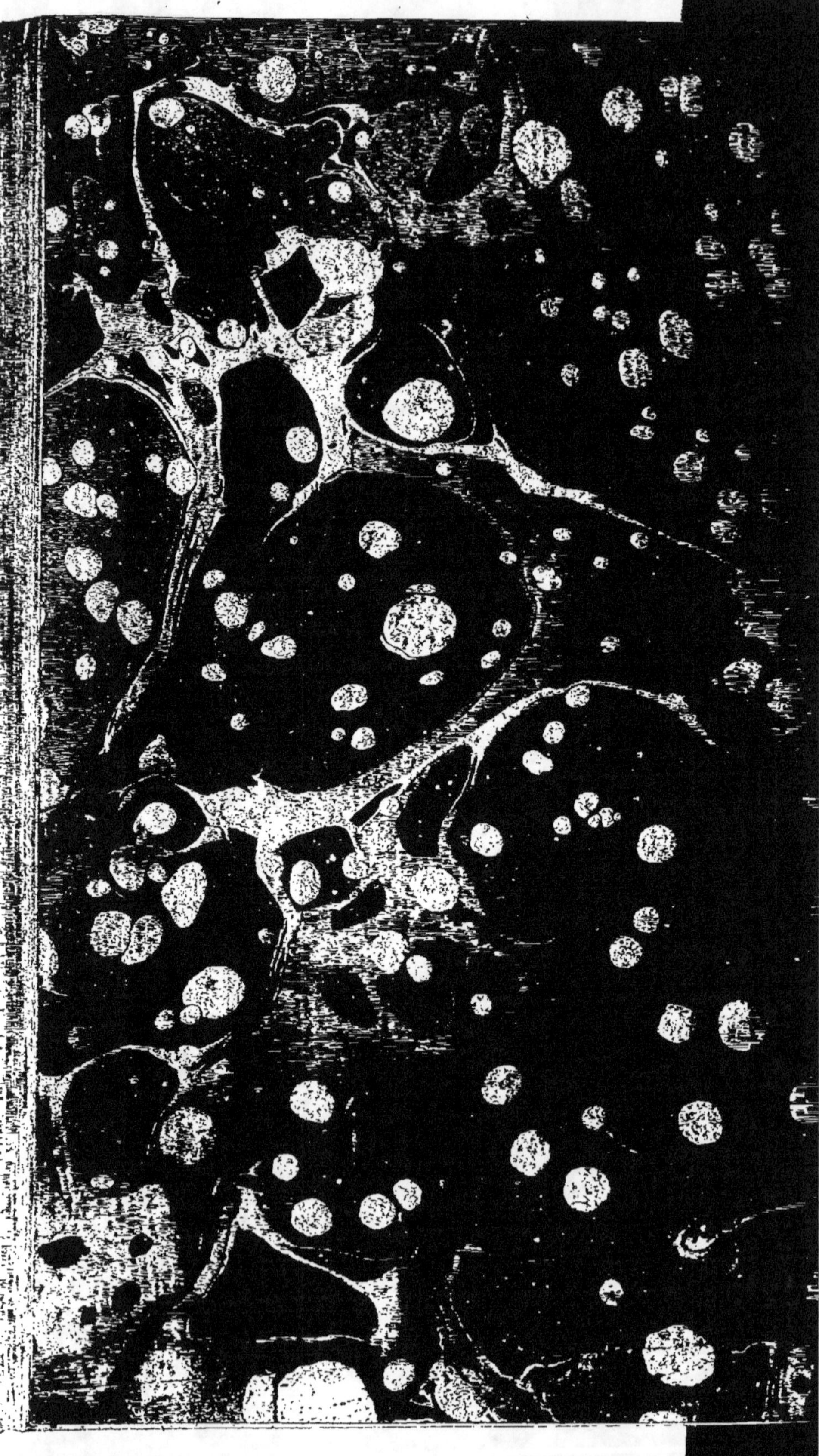

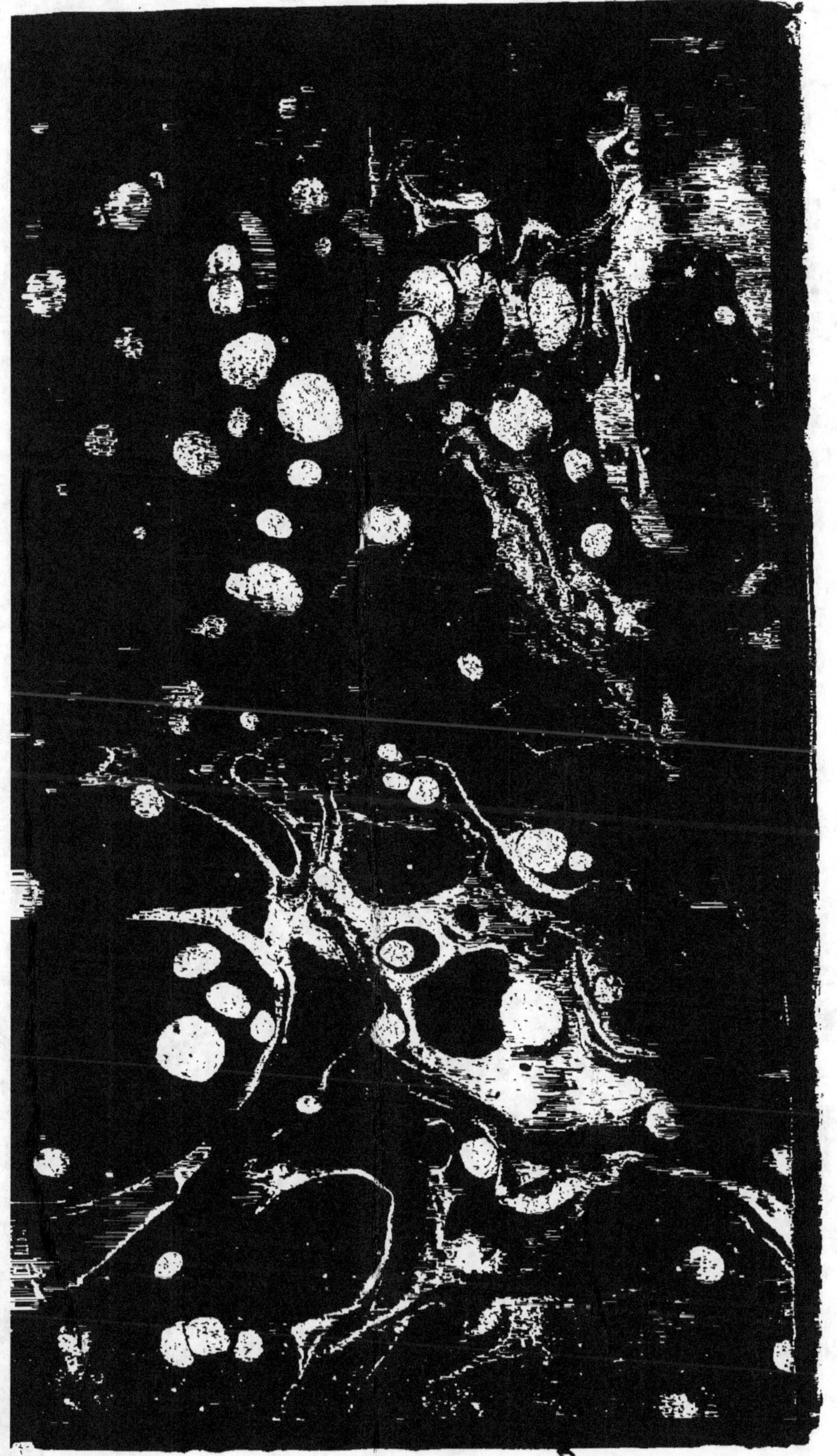